矢内原 忠雄
「信仰・言論弾圧・大学教育」を語る

Ryuho Okawa
大川隆法

まえがき

昔、縁日《えんにち》で、うちの五歳の長男が、小さな「ミドリガメ」をビニール袋に入れてもらって、うれしそうに買って帰った。エサを与えて育てているうちに「カメカ」と名付けられたその小さなペットは、大きなプラスチック容器の水槽で飼わなければいけなくなり、毎日、甲羅《こうら》ぼし（日光浴）をさせてやらねばならない仕事まで発生した。外来種《がいらいしゅ》ゆえに怪獣ガメラが想像される容姿となり、鯉《こい》を食いちぎってしまうために、池に放すことも、川に捨てることもできなくなった。

長男が社会人になって「人間」とのつき合いが忙しくなったある朝、「カメカ」は水槽の中で動かなくなり、再び甲羅ぼしをしてもらうこともなくこの世を去っていった。もう日の光を浴びる必要もない。不燃ゴミとして処理されたことだろう。

救世主は再びこの世に降り立ったが、人間はもう、主の顔も名前も忘れ果てて、「神の言葉」も、自分たちの「法律」には載ってないという。その通りだろう。「最後の審判」の日取りはまだ伝えてはいなかったことを思い出した。

二〇一四年　十一月五日

幸福《こうふく》の科学《かがく》グループ創始者兼総裁《そうししゃけんそうさい》　大川隆法《おおかわりゅうほう》

矢内原忠雄「信仰・言論弾圧・大学教育」を語る　目次

まえがき

矢内原忠雄《やないはらただお》「信仰《しんこう》・言論弾圧《だんあつ》・大学教育」を語る

二〇一四年十一月二日　霊示《れいじ》
東京都・幸福の科学　教祖殿《きょうそでん》　大悟館《たいごかん》にて

「霊言現象《れいげん》」とは、あの世の霊存在の言葉を語り下ろす現象のことをいう。これは高度な悟《さと》りを開いた者に特有のものであり、「霊媒現象《れいばい》」（トランス状態になって意識を失い、霊が一方的にしゃべる現象）とは異なる。外国人霊の霊言の場合には、霊言現象を行う者の言語中枢《ちゅうすう》から、必要な言葉を選び出し、日本語で語ることも可能である。

なお、「霊言」は、あくまでも霊人の意見であり、幸福の科学グループとしての見解と矛盾《むじゅん》する内容を含《ふく》む場合がある点、付記しておきたい。

矢内原忠雄《やないはらただお》
「信仰・言論弾圧・大学教育」を語る

二〇一四年十一月二日　霊示

東京都・幸福の科学　教祖殿　大悟館にて

矢内原忠雄《やないはらただお》（一八九三～一九六一）

経済学者・植民政策学者。旧制第一高等学校在学中に、無教会主義者の内村《うちむら》鑑三《かんぞう》が主催していた聖書《せいしょ》研究会に入門を許され、キリスト教への信仰《しんこう》を深める。また、東京大学入学後は、人道主義的な立場から植民政策学を講じる新《に》渡戸《とべ》稲造《いなぞう》の影響《えいきょう》を受けた。南原繁《なんばらしげる》の後任として東京大学総長に選出され、一九五一年から一九五七年まで二期六年を務める。『帝国《ていこく》主義下の台湾《たいわん》』『イエス伝』『余《よ》の尊敬する人物』等、著書多数。

質問者　※質問順

酒井太守《さかいたいしゅ》（幸福の科学宗務《しゅうむ》本部担当理事長特別補佐《ほさ》）

武田亮《たけだりょう》（幸福の科学副理事長 兼《けん》 宗務本部長）

綾織次郎《あやおりじろう》（幸福の科学上級理事 兼 第一編集局長 兼「ザ・リバティ」編集長）

［役職は収録時点のもの］

1　日本を代表するキリスト者・矢内原忠雄《やないはらただお》を招霊《しょうれい》する

信仰《しんこう》者であり、高名な学者でもあった矢内原忠雄《やないはらただお》

大川隆法　昨日（二〇一四年十一月二日）は、総合本部で内村鑑三《うちむらかんぞう》先生の霊言《れいげん》を収録し、ご意見を伺《うかが》ったのですが（『内村鑑三「信仰《しんこう》・学問・迫害《はくがい》」を語る』〔幸福の科学出版〕参照）、そのなかで矢内原忠雄《やないはらただお》先生の名前を出しました。霊言《れいげん》としては、まだ出版されていませんので、新しい意見を世に問う意義があるのではないかと思います。

折しも、今、中公新書で『言論抑圧《よくあつ》　矢内原

『内村鑑三「信仰・学問・迫害」を語る』

事件の構図』という本が出ています。矢内原先生が、東京帝大《ていだい》の経済学部教授をしていたときに書いた文章が、政府の検閲《けんえつ》に引っ掛《か》かり、「辞《や》めろ」と言われたわけではないものの、「お騒《さわ》がせして、大学にも迷惑《めいわく》がかかる」ということで大学教授の職を辞したわけです。これが、「矢内原事件」といわれるものです（注。一九三七年、『中央公論』誌に「国家の理想」と題する評論を寄稿《きこう》し、「国家が正義に背反《はいはん》したときは、異議を申し立てることが真に愛国的である」という趣旨《しゅし》のことを述べたことや、講演で「日本の理想を生かすために、ひとまずこの国（日本）を葬《ほうむ》ってください」という発言をしたことなどが問題視された）。

その後、キリスト者として細々《ほそぼそ》と活動しておられたようですが、戦後、みなに望まれて東京帝大教授に復帰し、東大総長にもなられました。

矢内原先生は、クリスチャンであり、内村鑑三の門下生です。また、内村鑑三さんや新渡戸稲造《にとべいなぞう》さんのことは尊敬していたようですけれども、ほかの学者に対してはあまり尊敬していなかったようではありります。

東京帝国大学法科大学政治学科の卒業ですから、私の先輩《せんぱい》にあたる方で、明治二十六年、一八九三年生まれで、一九六一年に、六十八歳《さい》で亡《な》くなられました。植民地政策を専門にされており、台湾《たいわん》の植民地政策に携《たずさ》わられたと思います。これは、新渡戸先生もされていましたが、実際に、こういう方々が台湾の経済政策に携わっていたので、台湾の方は、独立したあとも、長らく、「日本の統治下はよかった」と言うのでしょう。要するに、日本の一級の人材が投入されて行っていたわけですから、そうなのだろうと思います。通常は、なかなかそのレベルまで行けないのではないでしょうか。

このように信仰者として信仰を貫《つらぬ》きもし、大学教授となって、最後には総長もした方でもありますので、やはり、国家の政策と反する場合には、信仰者として、あるいは学者として、どうあるべきかということを悩《なや》まれたのではないかと思います。

さらに、留学中に奥《おく》さんがご病気になられて、留学先から帰ってきてから間もなく亡くなられたというような不幸も体験されています。内村先生と同じように、さまざまな不幸を体験されたようです。

また、法学部では、よく、「判例百選」などで勉強するのですが、一九五二年に、「東大ポポロ事件」が起きました。それは、東大公認の学生団体「ポポロ劇団」が、公演中に、紛《まぎ》れ込《こ》んで入っていた私服警官を見つけて、学生が暴行を加えたという事件です。

その際、「警察 対 大学」という構図も生まれたわけですが、東大総長だった矢内原先生は、それに対して、「大学の自治と学問の自由を守るために毅然《きぜん》とした態度を示した」ことで有名にもなりました。

あるいは、植民地政策以外のものについても、『余《よ》の尊敬する人物』や『イエス伝』等の著作があって、全集も出ており、日本の誇《ほこ》るキリスト者の一人かと思います。

そういう意味では、日本においてキリスト教はそれほど大きな勢力を持てはいないのですが、日本で出たキリスト者は、それぞれ立派な方が多かったのではないでしょうか。

矢内原忠雄は「信仰《しんこう》と大学教育」「信仰と学問」をどう考えるか

大川隆法　さて、今、当会が大学設立を目指しているさなかにおいて、やや国家的な弾圧《だんあつ》ともいえるようなことも、さまざまに起きていますので、このあたりについてもご意見を伺いたいと考えています。

「そもそも、『信仰《しんこう》と大学教育』、あるいは、『信仰と学問』というものは共存できるものなのか、それとも対立するものなのか」「どのように折り合いをつけていけばよいものなのか」「信仰というものが、どこまで大学教育のなかに入ってよいものなのか」等々について、現実に体験された方でもありますし、また、あの世に還《かえ》ってからのお考えもおありでしょうから、そのあたりのお考えを頂きたいと思います。

大学設置審議会《しんぎかい》では、「信仰というか、宗教の個別の教義等を持ち込んだら学問ではない」というような言い方をしてくるのですが、こうしたことについて、矢内原先生であれば、どのようにお考えになるのでしょうか。

東大の総長までなされた方ですし、信仰のある立場で学問をされ、当局とのぶつかりを経験された方でもあります。要するに、当局の政治政策と合わないために、「学問の自由」のところが侵《おか》されて（経済学部教授の）辞任までいき、野《や》に下《くだ》って、個人雑誌を出したり、無教会派に属して活動されたりしました。

矢内原先生は、一九三七年の『中央公論』に、「国家の理想」という評論を発表したのですが、これによって〝睨《にら》まれた〟わけですが、ここには、「時の政治権力 対 学問の自由、大学の自治」「時の政治権力 対 宗教」という問題、あるいは、「時の政治権力 対 学問の自由、大学の自治」という普遍《ふへん》的な問題も入っているかもしれません。

当会の大学申請《しんせい》に対しても、現時点では、文科省が「不認可」という状態になっていますが、結局、いちばんぶつかっているのは、「宗教の基本教養が大学のなかで教えられるのではないかと思うが、それは学問ではない」というようなところです。一括《いっかつ》して言えば、そういうことでしょう。

しかし、宗教系の大学は、どこも宗教的理想や信条、教義を教えていますし、これは基礎《きそ》教養として、当然入ってくることではあります。

もちろん、審議会の学者には、信仰を持っている人もいれば、持っていない人もいるでしょうし、いろいろな宗派の方もいれば、まったく信仰を持たない唯物《ゆいぶつ》論《ろん》者もいるかもしれません。ただ、そういう学者たちの判断によって、いちいち、

「これは教えてもいいが、これは教えてはいけない」とか、「これは外《はず》せ」とかいうような指示を受けなければ大学というものは存立できないものなのかというと、これはかなり、フェイタル（致命《ちめい》的）な問題でしょう。

大学を運営していく上で、いちいち入ってきては、「これは駄目《だめ》だ」「これはいい」とかいうことをされるようでは話になりません。「学問の自由」「大学の自治」と、完全に対立するものです。

しかも、最初から（幸福の科学大学を）〝門前払《もんぜんばら》い〟して済まそうとしているわけですけれども、これはまた、国民の基本的人権に反することでもあります。やはり、「学びたい」という気持ちを持っている人たちに対して、「学問の自由」を保障しなければならず、信仰を持っている者が、それゆえに国家によって差別され、排除《はいじょ》されるということなど、あってはならないことです。

そういう意味では、基本的に国家権力の側が憲法を無視している状態であると思いますので、ここは、やはり、〝釘《くぎ》を刺《さ》して〟おくべきではないでしょうか。

もし、時の政府が一元管理し、どうしても自分たちの考えに合うようにしか運営できないように大学を維持《いじ》したいというのであれば、「学問の自由」はないに等しいでしょう。

あるいは、政府が大学をつくっても結構ですが、NHKでさえ国営放送といわれるのを嫌《いや》がっている状況《じょうきょう》です（笑）。「公共放送であって、国営放送ではない」などと言って認めていません。

もちろん、民放にしても、スポンサーの意向が多少は働きますので完全に自由ではないのでしょうけれども、コマーシャル料金を取って、やっているところがあるわけです。

やはり、「報道の自由」があってもよいのと同じく、「学問の自由」を保障しようとすれば、「大学設立の自由」を認めなくてはいけないのではないでしょうか。

私は、そのように考えています。

東大総長を務めた無教会派のクリスチャン・矢内原忠雄を招霊《しょうれい》する

大川隆法　さて、矢内原先生は、どのようにおっしゃるでしょうか。先人としての意見がおありでしょうから、私も勉強を兼《か》ねて、ご高説を伺うとともに、現今のさまざまな問題についても訊《き》いてみたいですし、あるいは、政権についてのご意見等もあれば訊いてみたいと考えています。

ということで、一連の動きが続いていますけれども、われわれも、「独断せず、いろいろな識者の意見を、幅広《はばひろ》く訊いてみたい」ということですから、極《きわ》めてフェアでオープンな態度だと自分では思っています。

私の考えだけであっても構わないのでありますが、ほかの方の意見も訊いてみようと考えています。さて、キリスト教者の目からは、どのように見えるのでしょうか。

それでは、キリスト教の信仰者にして、経済学者、また、東京大学の総長もなされました無教会派のクリスチャン、矢内原忠雄先生の霊《れい》をお呼びいたしまして、現今のさまざまな信仰や、大学教育等に関する問題について、いろいろな角度からご高説を賜《たまわ》りたいと思います。

矢内原忠雄先生の霊よ。

矢内原忠雄先生の霊よ。

どうぞ、幸福の科学 教祖殿《きょうそでん》 大悟館《たいごかん》に降りたまいて、その教えを述べたまえ。

矢内原忠雄先生の霊よ。

矢内原忠雄先生の霊よ。

どうぞ、幸福の科学 大悟館に降りたまいて、その説を述べたまえ。

（約二十五秒間の沈黙《ちんもく》）

2 「信仰《しんこう》と学問」をめぐる幸福の科学大学の問題をどう見るか

「宗教は命《いのち》懸《が》け。その人の魂《たましい》の存続が懸かっている」

矢内原忠雄　うん……。矢内原ですけども。

酒井　本日は、まことにありがとうございます。

矢内原忠雄　うーん。

酒井　矢内原先生におかれましては宗教や学問、また、経済や政治、これらすべてに造詣《ぞうけい》も深く、さまざまな事象を経験されました。まさに日本の偉人《いじん》のお一人として、本日はこの場でご質問させていただけることを心より感謝申し上げます。

矢内原忠雄　お役に立てるかどうかは知りませんけれども、内村《うちむら》（鑑三《かんぞう》）先生も出ておられるとのことですので、私のほうも何らかのお役に立つことがあれば……。

　まあ、十分な仕事ができたとは思っていないので、「偉人」という言葉は返上させていただきたいと思いますけれども、「千年後の偉人」になりたいとは思っております。

酒井　はい。ありがとうございます。

ご承知おきかもしれませんが、今回起きている「宗教と学問」という問題において、ある意味では日本の政治史上ほぼ初めてかもしれませんが、宗教の教義の中身をもって大学設置の可否が判断されました。

矢内原忠雄　うーん。

酒井　過去に遡《さかのぼ》ると、「大本教事件《おおもときょう》」などのそういう宗教弾圧《だんあつ》もあったのですが、あくまでも、当時の刑法からみて不敬罪にあたるとか、そういった外形的なものによって判定されていったものです。

ただ、今回は「宗教の教義の根幹の部分である『幸福の科学の霊言《れいげん》』が科学的ではない」「学問とはいえない」という判定を、明確な基準もないのに時の政府がしました。これは歴史を振《ふ》り返ってみても、そうとう大きな判断をしたというふうに思っております。

矢内原忠雄　うーん、うん。

酒井　まず初めに、「宗教と学問」、あるいは「信仰《しんこう》と学問」について、今回の案件をどのように感じておられるか教えていただけますでしょうか。

矢内原忠雄　まあ、「役所仕事」だわねえ。一言《ひとこと》で言やあねえ。教科書を検定してるような気分で宗教の教義も検定できると思っているんだろうけど、それは宗教に対する読みが浅いわね。宗教ってのは、「出版社がつくっている教科書が売れるか、採用されるかどうか」っていうような問題とは根本的に違《ちが》うからねえ。

宗教は「命懸《いのちが》け」ですから。その人の「魂《たましい》の存続」が懸かってることですからね。信仰なく生きるくらいなら、飢《う》えて死ぬほうを選ぶのが真の宗教者《じゃ》ですから。

そんな教科書検定と同じような気持ちでその内容を検定しているんだったら、とうてい許されるようなものではないでしょうね。

幸福の科学大学への〝弾圧《だんあつ》〟はソクラテスやイエス、日蓮《にちれん》の受難《じゅなん》に似ている

矢内原忠雄　あなたは「歴史的に見れば大きな問題」と言いましたが、まさしく「ソクラテス裁判」や「イエスの裁判」、あるいは政府に意見を言って弾圧《だんあつ》された日蓮《にちれん》の「竜《たつ》ノ口《くち》事件」なんかにも似たようなものかとは思います。

あなたがたの基本的な考え方、政治的な意見自体は時の政権とそう大きく変わらないし、どちらかといったら支援《しえん》している側に立っていたということでござい

ますので。

もちろん、共産党側の立場で批判してたっていうなら（現政権は）嫌《いや》でしょうけども、応援していた立場にあって、「宗教的な部分が学問性がないから」ということで否定してきたというところは、これはものすごく大きな問題ですわね。

これが成り立つならば、プラトンが編集している本によれば、ソクラテスは「生まれ変わり」とか、「霊《れい》」とか、「神」だとか言ったり、あるいは「ダイモン」という守護神《しゅごしん》がついて、いつも耳元で囁《ささや》いて、ああだこうだと言う人だっていうけど、これを医学的に見れば、〝精神病棟《びょうとう》〟に隔離《かくり》しなきゃいけないよね。いつも、霊の声が聞こえるっていうんでしょう？

まあ、医者がタイムマシンで当時に行ったら、「科学的、医学的には精神病棟に入れなきゃいけないような人なのに、そんな人が言ったものを哲学《てつがく》や学問として認めて、二千五百年も教えるなんてのは狂気《きょうき》の沙汰《さた》だ」と言うかもしれない。

人にもよるけどね。

医者だって信仰心のある人もいるから（笑）、言わない人もいるだろうけど、唯物論《ゆいぶつろん》の医者だったらそれは狂気の沙汰で、「耳のそばで人の声が聞こえるんですか。ああ、そういう方はよくいますよ」「とにかく、睡眠《すいみん》薬を飲んで、よく寝《ね》てください」「精神鑑定して、隔離したほうがいいです」と言う方もいる。だから、こういうの（唯物論者）に権力を与《あた》えれば、成り立つべき学問も成り立たんこともあるわなあ。

イエスもそうでしょう？　ユダヤ教のラビたちは、イエスが聞いた神の声は、いわゆるユダヤ教の神の声と違うとおっしゃるんでしょう？

「イエスの聞いている声は神様とか、わが父とか言ってるけど、いいかげんなこと言うな」と。「おまえなんかに聞こえてたまるか」と。「われは正式な聖職者だ」と。ユダヤ教のそれぞれの学校も当時ちゃんとありましたから、「そこで勉強して聖職者の資格を取ったわれわれに神の声が聞こえないのに、おまえみたいな大工《だいく》の息子《むすこ》が、どこで勉強したか知らんけれども、正式な学問もやっとらんやつに神様が声を降ろして、それで預言者、ないしはラビ、先生にするとかいうようなことは不適法だ」と。

だから、当時もラビの資格って、やっぱりあったわけですよ。学校があってね。ちゃんと聖職者の課程を経《へ》て、先生に教わって卒業しなきゃいけないけど、イエスは七歳《さい》ぐらいから、もうすでに説法《せっぽう》を始めてますからね（笑）。突如《とつじょ》、神がかってきて、親が目を離《はな》したら会堂の前で説教を始めたり、七歳や十歳ぐらいでやってますから、そんな人（ユダヤ教のラビ）と全然違うわけで。突如、神がかってくるわけで、神様の声が降りてきて説法し始める方ですから。

その資格はどこから与えられたかといったら、「神」から与えられたのであって、そうした、「ユダヤ教の教師養成所の卒業認定試験を受けて教職者になった」

っていう、いわゆる彼らの手下《てした》というか、「そういう教職者として資格を得たから神のことについて語っていい」なんていう掟《おきて》はあったわけでしょうけど、そんな掟は、神から直接声を聞いてる人は守れませんわねえ。守れるはずもないし、「誰《だれ》が教えるんですか」といったって、教えることもできませんわね。

だから、(幸福の科学大学の不認可は)そういう対立と極《きわ》めてよく似ていると思いますよ。

「霊言《れいげん》そのものが『最高の学問』であると、私は思う」

矢内原忠雄　大川隆法さんのことは「先生」と言うべきでしょうけども、私のほうが先に生まれたので、先生とは言わずに「大川隆法総裁」と言いますが、(大川総裁には)直接天上界《てんじょうかい》から名のある……、まあ、私は偉人じゃあないけども、私以外の方は、そうとうな偉人がたくさん出ていらっしゃると思います。そういう偉人の方々が直接〝講義〟されている、教えを垂《た》れておられるっていうのはこれこそ「最高の学問」じゃないですか。

ただ、「地上で生きている人間が考えて、調べて、本の引用をつなぎ合わせて書いた本をさらに研究するのが学問だ」と言っている人たちが審査《しんさ》してるんでしょ？　「（霊言は）そういう〝作法《さほう》〟に則《のっと》った学問ではない」と言ってるんでしょう。

これは、イエスだって聞くわけにはいかんでしょう。たぶんね。これは聞くわけにはどうしてもいかないでしょうね。

おたくは「霊言があるから学問性がない」というよりも、「霊言以外の部分も当然あるから、その部分は学問性がある」という言い方も言っているんだろうとは思う。

まあ、それ以外のところにも学問的なところはそうとうありますし、すでに教授をやってるような人も呼んで教えるようなところは、この世の学問と整合している部分もあると思います。

けれども、私は、霊言そのものもちゃんと学問性はあると思いますよ。地上にいる人よりも優《すぐ》れた方々の教えが入ってるわけですから。

私はたまたま矢内原として、今覚えてる方も少しはいらっしゃいますけれども、「東大総長をした方があの世に還《かえ》って、復活されて講義をする」と。キリスト教的には、これはあってもいいことで、おかしいことではありません。

しかし、それを「生前、学者であって東大の総長もやった方は死んであの世に還ったら、言うことには学問性がない」っていうことになったら、私のほうは認めるわけにはいかないし、それを信じる人たちにとっても、学問性がないと認めることは相成《あいな》らんでしょうなあ。「この世で学問性があったくらいなら、あの世へ行けば、さらに磨《みが》きがかかって本物の学問になっている」と言うべきだと思うので。

まあ、これは大きな対決にはなるだろうと思いますが。

要するに、宗教を〝束《たば》ねている〟というか、束ねていると言っても登録している名簿《めいぼ》を管理しているだけですけども（笑）、「その立場にある文部科学大臣は神様より偉《えら》いのか」というようなことでございましょうから、それはもう、〝火あぶり〟に遭《あ》うのは向こうでございましょうね。一般《いっぱん》にはね。そこまで立ち入ったらもう身がもたないのは普通《ふつう》ですね。「お世話させていただく」というなら分かりますけども、それは認めるわけには相成らんでしょうなあ。

ちょっと「見誤《あやま》る」というか、見識に不足があるんじゃないでしょうかねえ。

私は「冗談《じょうだん》じゃない！」というところだと基本的には思いますよ。

万学《ばんがく》の祖《そ》である哲学《てつがく》は、発祥《はっしょう》において「神」や「霊《れい》」を認めていた

矢内原忠雄　まあ、私の信仰はもとはキリスト教ですけども、別にほかの宗教だって感じとしては分かりますよ。ほかにも立派な信仰者《じゃ》がいて、私はそれなりに尊敬してますから。

あなたがたの政治的な立場は、「日蓮的な立場」に極めて近いと思います。それは、キリスト教の教えを単なる「平和主義」とだけ捉《とら》えたら違うのかもしれないけども、彼（日蓮）は彼なりに、国を憂《うれ》えて仏の教えを述べ伝えてたわけですから、そんなのと似たようなものでしょうね。

だから、これはけっこう深い問題だと思いますよ。あるいは、現代の学問そのものの拠《よ》って立つ基礎《きそ》の問題ですね。これが引っ繰《く》り返るかどうかですから。哲《てつ》学《がく》が、哲学の〝教祖〟たる、祖であるソクラテスを裏切っている状態ですし、哲

学は「万学《ばんがく》の祖《そ》」とも言われてるものですから。

ただ、万学の祖である哲学は、そもそも神も、あの世も、霊魂《れいこん》も信じていたし、ソクラテスは守護霊の存在を教えているんですから。あの言論は守護霊が教える言葉で語っているんだと思いますよ。

それを引いている末流の学問が、「そういう守護霊の言葉なんて出てくるから、こんなのは学問でない」っていうのは本末転倒《ほんまつてんとう》です。

まあ、私に替《か》わってソクラテスを呼んでもいいとは思いますが、絶対に許さないと思いますよ。「間違っている」「真理じゃないものは学問ではない」って言うと思いますね。

言い方があなたがたより〝激しい〟ですか（笑）。

3　学問や大学のもとには「宗教」がある

学問への誤解は「教養のなさ」から起きている

武田　ありがとうございます。今のお話に、もう少し関連してお伺《うかが》いいたします。今、お話しになったように、「学問とは何ぞや」という部分については、ソクラテスの時代や本来の学問発祥《はっしょう》のころの定義があったかと思います。しかし、現代にいたっては、そうした学問の「定義」、あるいは、「本質」というものが変わってきているのではないかと思うのです。

矢内原忠雄　うん。

武田　例えば、今は、学問の定義として、「科学的であること」や「再現性があること」、あるいは、言葉を換《か》えれば、「体系的・普遍《ふへん》的であること」などが挙げられていますが、そこには何か、現代人が非常に誤解しているものがあるのではないかと思います。

また、キリスト教においても、やはり、「霊的《れいてき》な奇跡《きせき》なるものを歴史のなかで取り除いてきた。それで、教えが道徳的なものになってしまった」という経緯《けいい》があり、そのようなものとリンクして、今の学問も非常にこの世的に変質してきているのではないかと思うのですが、そのあたりにつきまして、お考えを伺えれば幸いです。

矢内原忠雄　そらあ、言っている人たちに「教養」がないんでしょうねえ。西洋においても、大学の発祥《はっしょう》は、みんな宗教に関係してますのでねえ。やっぱり、学問というか、大学の発祥は、みんな〝神学部〟ですよ、基本的にはね。神様の学問から始まってるものなんで、まあ、ちょっと教養が足りなすぎるんじゃないでしょうかねえ。ヨーロッパだって、アメリカだって、そうでしょうから。

そのへんは、ちょっと、「現代の宗教学や各種のキリスト教学、神学や仏教学など、いろいろなものが弱い」ということもあるんでしょうけどもね。まあ、そういうこともあるんでしょうけど、そもそもの教養的に見て、「発祥のレベルから勘違《かんちが》いしてる」っていうか、教養のない人が言ってるのは間違いないですね。それが一つね。

学問の中心には、本来「宗教的なもの」がある

矢内原忠雄　それから、明治維新《いしん》以降は、確かに、日本も近代化するために実

用の学をそうとう取り入れたのは事実ではあります。「和魂洋才《わこんようさい》」でね、「和魂」「和の魂《たましい》」で、「精神性は、日本に、もうすでに備わってる」という考えだわね。

実際、そういうところはあったでしょう。（日本の）キリスト教（人口）が一パーセントから増えないのを見れば、「日本の精神的なもの、かつて積み重なった、宗教を中心にした精神的なものがもう十分にあって、外国に学ぶほどのものはない」と。

ただ、「実学、実用の学としては、まだ学ぶべきものがたくさんある」ということで、「そのへんの翻訳《ほんやく》や留学を通しての勉強や、いろいろなものを入れて、西洋の実学を入れた」っていう流れは、明治以降、強かったと思う。そういう意味で、学問のなかに、精神的なものだけではない具体的な実学が、たくさん入ってきたことは事実だよね。

だけど、明治維新のころは、その内容は何でもいいから、とりあえず、船のつくり方や、大砲《たいほう》のつくり方から、いろいろなものまでやってました。蘭学《らんがく》から、英語学から、いろいろなものが入ってましたので、「何でも、役に立てばいい」というのから始めたんだとは思いますけども。

その前は何かといえば、東京大学の前身だって、「昌平黌《しょうへいこう》（昌平坂学問所）」とかでしょう？　昌平黌があって、佐藤一斎《さとういっさい》先生とかは、儒学《じゅがく》ですよねえ。「隠《かく》れ陽明学《ようめいがく》」とも言われていたけども、儒学を教えていたわけで、「儒学というのは何か」っていったら、人の道ですよね。

「人間の道。人類の道。人間の生きるべき道を教えておった」っていうことですから、まあ、これも、あなたがたから見れば、宗教としては、まだ不十分なレベルかもしれませんが、少なくとも、彼の教えそのものを見れば、やっぱり、人間としての生きるべき道を説いていた。

例えば、「●闇《やみ》を恐《おそ》れることなかれ。ただ一灯《いっとう》を手に提《さ》げて、その一灯を頼《たの》め」

●「一燈を提《さ》げて暗夜を行く、暗夜を憂うことなかれ、ただ一燈を頼め」（『言志四録』）

というように言っている。つまり、「闇を恐れるんじゃなくて、自分が手に提げているカンテラというか、当時の提灯《ちょうちん》か何か知らないけども、闇夜の足元を照らす灯《ともしび》、その一灯を信じて歩め」というようなことを言ってるけれども、これは、ある意味では、イエスが「光あるうちに、光のなかを歩め」と言っているのと、ほぼ一緒《いっしょ》じゃないですか。同じことでしょう。そんな感じです。

だから、「この世は、放置すれば闇の世界だ」というように見てるわけで、「そのなかで、やはり、人としての正しい道を照らして歩いていかなきゃいけない。周りが真っ暗闇であることを恐れるな。それよりも、むしろ、自分自身で足元を照らしながら歩いていけ」と言っているんでしょう。イエスと同じですよ、言っていることはね。ほとんど変わらない。

そういうことだから、「学問」っていっても、もともと、もう全部、宗教的なものが中心なんですよ。

●「あなたがたは、光がある間に歩きなさい」(「ヨハネによる福音書」12章35節より)

専門技術の進化は「神仏の否定」を意味しない

矢内原忠雄　それに、この世で仕事をして、いろいろな仕事がたくさん発生しましたからね。「その分化してきたいろいろな仕事で、いろいろな人が生業《なりわい》を立てていくために、専門的、技術的なものが派生してきた」という流れだから、〝孫〟が〝じいさん〟を批判してるような状態に、やや近いのかな。

だから、今、電気屋をやろうとしたら、それは、電気の配線の仕方から始まってねえ、電流の流れる仕組みについて勉強しなきゃいけないでしょう。それをやらなければ、電気屋をやるのは、なかなか難しいだろうとは思いますよ。江戸《えど》時代の人には、それはたぶん分からないと思う。

ただ、そうした電気工学をやって、電気屋を開けるかもしらんけれども、「電気屋を開けたから」といって、神様、仏様を否定する資格はありませんわね。これが分からなきゃいけないわね。

「具体的な、人間の生きていく生活の利便性のために専門技術がある」ということは認めてもいいし、それは許可してもいい。それには、思想性や、そういうものはないかもしれないけれども、「世の中を少しでも前に進めよう」とする善意の原理だけは働いているでしょう。善意はね。だけど、その大本のところを否定するような力であってはならないと思いますね。

「自分で電球を照らすことが、家で電流を引いて、電線から電気を引いて、蛍《けい》光《こう》電灯を照らすことができたから、太陽の光をつくったのと一緒で、太陽をつくられた神と同じ力を得たんだ」みたいに思うなら、「これは行きすぎだ」っていうことは当然のことだね。

あるいは、現代的にいえば、「青色発光ダイオードみたいなので、新しい光を発明した」というようなことがあっても、しかし、神様を超《こ》えたわけでは、当然、ありませんので、「このへんは勘違いしたらいかん」ということだと私は思うけどね。まあ、そういうことだと思う。

武田　分かりました。

4 「宗教弾圧《だんあつ》」「言論弾圧」にどう立ち向かうべきか

今回の「幸福の科学大学・設置不認可」が意味するものとは

綾織　矢内原先生は、生前に言論弾圧《だんあつ》を受けられました。これは、「信仰者《しんこう》」としての信念と、「学者」としての信念で言論を表明されて、弾圧を受け、大学を追われたものです。その後も、その信念を持って戦われたわけですが、私たちも、信仰者として、これから、この問題と向き合い、戦っていかなければなりません。その点について、ぜひアドバイスをお願いいたします。

矢内原忠雄　うーん。でも、ある意味ではね、まあ、あんまりマイナスに考えちゃいけない面もあって、（幸福の科学が）大きくなったんだと思うよ。大きくなったら、その大きくなったサイズに合わせた敵が出てくるわけで、とうとう、「国家権力と摩擦《まさつ》が起きるレベルまで大きくなってきた」ということだよね。小さければ、それは起きませんけども、「大きくなってきた」ということだね。

だから、「前の段階では、それは……」といえば、天理教《てんりきょう》や大本教《おおもときょう》等も国家弾圧を受けておりますよね。けど、今にして思えば、それは、国家のほうに間違《まちが》いがあったでしょうね。国家としては、もちろん、国家神道《しんとう》そのものが間違ってるわけではないけども、「一元支配しよう」という欲望が強かったんだとは思う。しかし、「神様側のほうから『新しい宗教を起こしたい』という気持ちがあって起こしているものを、弾圧した」という事実があるわね。まあ、悲しい歴史だよね。

西洋の歴史なんか、もっと厳しい。何か、「火あぶり」とか、「魔女《まじょ》狩《が》り」とか、もっとすごいものもありますから、「そのなかには、やはり、そうとう天使たちを殺したようなこともあるだろう」と、たぶん思いますわね。

そういう間違いを、この世の人は犯《おか》しやすいんだ。特に、権力の座にある者は、そういう間違いを犯しやすいんだ。自分たちに都合《つごう》のいいように、すべてをねじ曲げていこうとするし、自分たちの都合のいいように、法律もつくろうとするし、行政も進めようとする。「それの邪魔《じゃま》になるものは取り除いていこう」とするとか、そういう傾向《けいこう》は出ます。

ですから、ある意味で、大きくなりすぎたところはあるし、ある意味で、「学問」というべきかどうかは知りませんが、大川総裁の発信しておられる、政治・経済、外交、教育、その他、いろいろな方面について、意見を発信されていると は思うけれども、そういうようなものは、要するに、「第二の政府になりかかっている」という面が、もうすでにあるんじゃないかと思う。

で、政党までつくって、まだ大きな勢力にはなってはいないけれども、これは、やっぱり、「第二の政府になりかかってる」と、にらんでる面は一部あるのかなあというようには思いますね。

だから、事前に、「ピンで刺《さ》しておきたい」っていうところかね。「鎖《くさり》でつないでおきたい」というか。つまり、見識としては、もうそこまで行ってることは感じてるんだと思うんですよ。「あと、（教団の）実態がそれについてきたら、大変なことになるな」というように思ってるところは、あるんだと思うんです。

まあ、ある意味で、（あなたがたは）「今現在の政権をやってる人たちは、同じ方向に向いている」と思っているかもしれないけど、彼らは、本当に、現状に毛の生《は》えたような「政治改革」なり、「保守の推進」なんですよ。その程度のものなんですよ。

あなたがたのは、もっとラディカル（急進的）なものだから。根源的なものを変えようとしてるから、本当は怖《こわ》い。すごく怖いものを今、感じてるんだと思いますよ。そのへんが、裏では当たってると思います。そろそろ、何か、「勢力を削《そ》いでおきたい」っていう気持ちがある。

だから、政党のところと大学のところは持たさない。要するに、持たすと武器を与《あた》えるようなものですから。

これは、将棋《しょうぎ》で言やあ、飛車《ひしゃ》と角《かく》みたいなもの、飛車角を与えるようなものです。これを取っとけば、なかなか勝てないですよね。「飛車角落とし」で戦うのはなかなか大変ですから、ちょうど、そんな感じだと思います。政党は「飛車」、大学は「角」に当たる部分だと思いますね。中高だけだったら、まだ、〝槍《やり》〟程度、「香車《きょうす》」ぐらいの存在なんだと思いますよ。

幸福の科学は〝第五権力〟として、すでに恐《おそ》れられている

綾織　昨日は、内村鑑三《うちむらかんぞう》先生に非常に厳しいお言葉を頂きまして……。

矢内原忠雄　ああ、そうですか。あの人は、怒《おこ》る以外に能がない人だから、まあ、基本的に厳しいんです。

綾織　いえいえ（苦笑）。ご指摘《してき》いただいたことは本当にそのとおりのことばかりで、弟子《でし》としての甘《あま》さや、プロの宗教者になっていない点など、個人としての姿勢について、さまざまなことを教えていただきました。

同時に、先ほどおっしゃってくださったような、「幸福の科学が一つの大きな組織になってきている」という部分に関して、「どのように組織として戦ってい

●内村鑑三への人物評　矢内原忠雄は著作『内村鑑三とともに』のなかで、「彼は信仰の人であった」という一方、「内村は戦闘の人であった。彼は政府と戦い国民と戦い、（中略）彼は多くの敵をもち、また多くの敵をつくった。彼の信仰は戦うべき敵を前にもつとき、最も強く、最も精彩を放った。」と記している。

くか」というところは、昨日のお話のなかでは、内村先生から、あまり出てこなかったのですけれども……。

矢内原忠雄　ああ、組織を使っての戦い方は知らないからじゃないですか（笑）。ただ単に知らないんじゃないんですか。個人しか分からない。

綾織　はい、それで、「私たちは、組織として、今の時点、また、これからどう戦っていけばよいのか」ということについて、少し教えていただければと思います。

矢内原忠雄　うーん。まあ、大きくなりゃあなるほど、敵は増えてくるから、それは、いろいろなものが敵になってくるところはあるでしょうねえ。

だから、今だけの問題じゃないと思うんですよ。すでに、例えば、「財務省の税制政策」にだって意見は持っているし、「日銀《にちぎん》」に対してだって、批判の矢はすでに放ったわねえ。それから、「地方行政」、あるいは、「国防」「外交」についても意見はたくさん言って、先の政権、民主党のほうはそうとう攻撃《こうげき》されて撃《う》ち落とされた面もある。

まあ、今、（あなたがたは）おとなしくしているけど、同じことを自分ら（現政権）もやられる可能性もないわけではありませんのでね。やっぱり、怖いものは怖いですわねえ。そういう怖さはあるから、「飼い犬みたいにできるか、できないか」っていうところは一つあると思うんですよ。

自分らの思想に近くても、飼い犬風に使えるか、猛獣《もうじゅう》まで行くのか。ライオンの子供も、小さいうちはかわいいですけども、大きくなったら、ペットとしては飼えないですよねえ。向こうが甘えてきただけで、手を噛《か》みちぎられることがありますからね。そういう〝怖さ〟はあるだろうと思います。

まあ、すでに、「マスコミとの戦い」も経験なさってるでしょう? だから、そうとうの怖さは持っていると思いますよ。〝第五権力〟としての存在としては認識していると思います。ほかの宗教は、もっともっと見識が低いので、怖くないところがあるんだと思うんですよね。

ほかの宗教よりは、マスコミのほうがはるかに怖いですけども、あなたがたには、マスコミも一目も二目も置いています。マスコミから見ても、十分、〝怖い〟団体なので、まあ、そのへんでしょうねえ。

だから、大学は認めてやってもいいけども、初代教祖のときは怖いから認めたくないんじゃないですか、基本はね。「三代目ぐらいになって、おとなしくなってたら……、そのころだったら、認めても別に害はなかろう。信者だけが行くんなら害がなかろう」ぐらいの感じに、天理教みたいに考えてるんじゃないですかね。まさか、ローマ法王みたいに二百何十代も続くような、長い世界宗教になるようには思ってないんだろうと思いますよ、きっと。

歴史に学び、「世論《せろん》・マスコミ・他団体」をも味方につけよ

矢内原忠雄　組織としての戦い方ですけども、いや、それは、何か特別な法則があるわけではありませんので、歴史に学んで、新しい時代に、自分たちで考えていくしかないでしょうねえ。

大本教は、大正日日《たいしょうにちにち》新聞に買収をかけて、やったあたりで、（当時の政府によ る）バッシングが始まって、弾圧されて、京都府のねえ、大本の本部まで爆破《ばくは》されるぐらいまで行きましたけども。その大正日日新聞を買収したあたりで、「これは政治を乗っ取られるんじゃないか」っていう恐《おそ》れを感じたんでしょうけどねえ。ダイナマイトで爆破するとこまで行きましたわねえ。

で、創価学会《そうかがっかい》とかは、「聖教新聞《せいきょう》」なるものを出して、マスコミ的な力を持って、〝あれ〟しようとはしたけれども、「限界が来た」ということだね。野党の側にいれば政府から弾圧を受けるので、意見は違うのに連立を組んで、いつも与党《よとう》側のほうに回って弾圧を避《さ》けようとする。それぐらい、「与党側」っていうのは、力を持ってるところがあるんでねえ。まあ、いろいろなことができますから。

現在、「法律がつくれる」っていうことは、「人を死刑《しけい》にすることもできる」という力ですからね。「警察も軍隊も動かせる」という勢力ですから。まあ、そのへんのところですね。危険性を煽《あお》れば、いろいろなものが使えますからね。そういうところはあると思うんですよ。

だから、基本的には、組織戦としては、私は、できるだけ多くの世論《せろん》を味方につけ、マスコミ等も味方につけ、他の宗教団体でも、共感してくださる方は味方につけていく戦い方をしなければいけないんじゃないかなと思いますね。

『立正安国論《りっしょうあんこくろん》』を「政権への批判」と取られ迫害《はくがい》された日蓮《にちれん》

酒井　冒頭《ぼうとう》解説にもありました、矢内原事件における言論弾圧についてですが、私も、「国家の理想」という論文の内容を、全部読んだわけではないのですけれども、その論文での先生の主なご意見は、やはり、「国の正義を問う」ということだと思います。

矢内原忠雄　うん。

酒井　今、世界全体が混乱しているなかで、われわれは、国の未来を憂《うれ》いて、「早く、この国を素晴《すば》らしい国にしなければいけない」と思い、宗教的観点から、正義、あるいは、日本に精神を打ち立てるために活動しているにもかかわらず、それに対して、ある種の「私怨《しえん》」というか、「私《わたくし》」の部分で、いちゃもんに近いものをふっかけ、「私怨の戦い」というようなことで、物事を小さく収めようとするのです。

言論のなかでは、「正義」など、大きなものを主張すると弾圧されることもあると思うのですが、そこを、どのように押《お》し通すべきなのか。あるいは、引くべきなのか。それについて教えていただければと思います。

矢内原忠雄　いやあ、それは難しいところだねえ。

日蓮《にちれん》に例を取るけれども、彼は、「蒙古襲来《もうこしゅうらい》」を予言して、建白書《けんぱくしょ》として『立正安国論《りっしょうあんこくろん》』を書いてねえ。それを北条時頼《ほうじょうときより》に送って、建白した。もちろん、彼は、善意から、国を守るためにやっているわけだけれども、幕府は、そうは取らないわけです。

「国を守る」っていうことだったら、本当は、そのとおりにやらなきゃいけないんだけど、そうじゃなくて、「政権に対する批判」というふうに取るわけですよね。

「政権に対する批判」という考えに取られて、現実に、日蓮は弾圧を受け、身《み》延山《のぶさん》に隠棲《いんせい》したころになって、やっと許されるような状況《じょうきょう》で。実際に蒙古が攻《せ》めてきて、大変な戦いが終わったあと、「言っていたことは当たっていた」と認められるころには、すでに、日蓮は身延山で余生を送ってるような状況に近かったですからねえ。そういう意味では、大本教みたいな感じになってたと思いますよ。

彼（日蓮）自身が言ったことは、『法華経《ほけきょう》』に照らしての意見であったとは思うけどもね。「もはや、国内では、飢饉《ききん》も始まれば、疫病《えきびょう》も流行《はや》り、内紛《ないふん》・内乱も起きているし、必ず、『外寇《がいこう》』、『外から外国が攻めてくる』という状態が起きるはずだ」というふうに進言しているわけだけど、時の政権から見れば、「一個人としての宗教家みたいな者が、生意気な」というわけですね。

まあ、今の、あなたがたのあれ（霊査《れいさ》）だと、（日蓮は）安倍《あべ》首相の過去世《かこぜ》でないかというような方（北条時頼）に、外交と国防について進言をし、「意見は同じであるはずだ」と思ったところが、やがて竜《たつ》ノ口《くち》に連れて行かれ、首を刎《は》ねられそうになったわけですからね。

まあ、こういうことと〝同じようなこと〟が起きようとしてるんじゃないですか。だから、気をつけないと……。

救世主が時の政権とぶつかるのはなぜか

矢内原忠雄　政権を担《にな》ってる人は、自分より頭のいい人は好きでないんだよ。自分より、予知ができたり、先が見えたり、見識があったりする人はね。

本当に国を守ることを言ってても、それには、現政権を批判してるようにしか見えないところがあるわけですよ。

（幸福の科学は）すでに、外交問題で、中国の危険性を見抜《みぬ》いたり、沖縄《おきなわ》問題についての見識を吐露《とろ》したり、あるいは、原発問題をどうすべきかとか、いろいろな意見を言ったりしている。これについては、結果的に、国民を利する方向に動いているとは思うから、そういう意味で、左翼《さよく》勢力を封《ふう》じ込《こ》めるために、あなたがたの使えるところは使いたいという気持ちを持ってはいるけれども、「それを、まともに〝建白書《けんぱくしょ》〟で言われると、腹が立つ」というのが為政者《いせいしゃ》なんだよ。

それは、文科大臣だけではなくて、総理だって同じだろうと思いますよ。自分よりも見識のある民間人がいるっていうことには、許せない部分があるということですね。強硬《きょうこう》すぎると、過去（日蓮の時代）にあったのと同じようなことが起きなくはない、ということは言えると思います。

つまり、政治のほうの考えとしては、「利用できる範囲《はんい》内では利用するが、利用できる範囲を超《こ》えて、自分らのほうが翻弄《ほんろう》されたり、あるいは、自分らの権威《けんい》のほうが崩《くず》されたりするようなことになってきたら、これを〝反乱分子〟とみなす」というのが基本的な考えでしょうねえ。

例えば、今回の大学審議《しんぎ》の〝あれ〟でも、「許認可権限を持っている文科大臣に対して、否定的な本を出した」ということ自体で、もはや、大学は認められないことが決まっていたということなんでしょう。それだけの権威があるところを見せたくて、どんなことがあっても、まあ、「隕石《いんせき》が地球に当たろうとも、それを変える気はない」っていうぐらいのものだろうと、私は思いますよ（笑）。「人類のほうが、全部、絶滅《ぜつめつ》したところで、文科大臣の権威のほうが守られるべきだ」と。

まあ、そんなものですよ。これは、「私怨」なんていうものじゃなくて、過去、何千年を見ても、そういう歴史ばっかりしかないので、しかたがないんです。

救世主が出るときっていうのは、そういう、「国難」のときなので、そのときに、政治のほうの任に当たったり、いろいろな宗教もやってたりとか、いろいろな人がいるけれども、そういう人たちでやっていけるのなら、（救世主は）要《い》らないんです。やっていけないから、救世主的な方が出てくるんですよ。

そして、（救世主は）時の権力、現政権の批判に当たるようなことを、どうしても言うので、それで弾圧を受けることもあるし、あるいは、たまには、打ち勝って政変を起こし、国体が変わってしまうようなことだってある場合もありますが、いずれにしても、大変な戦いになることは事実ではありますわねえ。

要するに、「あなたがたの本当の姿が現れつつある」といえば、そのとおりだと思います。

プライドを守るためなら何でもする政治家たち

酒井　今のお話の続きで言えば、実際に、国難がすぐ目の前に来ているわけなのですが、これについて、時の為政者も、本当のところは分かっていませんので、やはり、われわれとしては、押し通すべきだと思っています。この大学の意味も、単なる、一宗教の自己実現としか思っていないと思いますし、われわれ弟子の言論の稚拙《ちせつ》さも問題なのですが、これをどのように伝えていけばよいのでしょうか。

矢内原忠雄　あなたがたは、ただ単に、政府に対する建白書だけでなくて、一般《いっぱん》社会にも、意見を公開はしておりますのでね。

だから、（ため息）まあ、言いにくいけど、首相にしても、「原発推進」だろうと、「中国包囲網《ほういもう》」だろうと、「オスプレイの配備」だろうと、まあ、いろいろなのがありますけども、「あなたがたが言ったから、そのままついていってやった」みたいに見られるのは、プライドが許さないわけです。プライドの塊《かたまり》ですからね。基本的には、「全部、自分が思いついたようにしたい。アベノミクスだって、全部、自分が思いついてやったようにしたい」という気持ちはありますので、「幸福の科学に言われてやった」みたいなのは、嫌《いや》ですよねえ。そういうところがございます。

九月ぐらいに内閣改造して、支持率が六十パーセント台に回復したあたりで、かなり慢心《まんしん》なされてきたんだろうとは思いますけれども、まあ、これからは厳しくはなってくるでしょうねえ。

いずれにしても、「政治的な方向が同じだから、味方だと思う」とは、必ずしも思わないほうがいいと思う。

彼らは、基本的に、プライドの生き物ですので、プライドを守るためなら、何でもします。

だから、一部のマスコミが、汚《きたな》い票の集め方や買収していることに対して批判をやってるわけですけど、そのへんは、けっこうマイナーなところで攻めてやってるわけでね。「大臣の顔写真がついたワインを配っている」とか（苦笑）、そのあたりでもやられるし、団扇《うちわ》を配ってもやられたりすることもあるわけですけど……。

ただ、マスコミには、政府に批判を加えてやっている場合と、マスコミ同士やマスコミと政府も、上のほうでは、裏で、一部、手を組んでる場合があるので、このへんの世の中の仕組みは、実に、難しいものがあると思いますよ。

酒井　分かりました。

5　大学審議会《しんぎかい》や文科省のあり方を問う

国が大学審議会《しんぎかい》を設置している本当の理由

酒井　次に、もう一つ、矢内原先生がかかわった大きな事件として、先ほど、総裁からもお話がありました、「ポポロ事件」というものがあります。これは、大学の自治の問題の判例だったと思いますけれども、実は、現在、この大学の自治の名の下に、信仰《しんこう》が弾《はじ》かれている状況《じょうきょう》でもあるのです。

矢内原忠雄　うん。

酒井　さらに言えば、この問題について、今回の審議会の意見を見てみると、要するに、審議会自体が大学の自治になっており、「そこには、新興宗教を入《い》れない」というようにも見受けられるのですが、信仰と大学の自治の関係について、どのようにお考えかを教えていただければと思います。

矢内原忠雄　それは、多様な意見が解放されていても、チェックが効いているうちはいいんだと思うけどね。それも、一元管理されて、〝護送船団〟になろうとしているんでしょう？（審議会は）それのためにあるんでしょうからね。学長とかを束ねて、文科省の下《した》に置こうとして審議会をつくってるんでしょ？　束ねて、頭を押《お》さえようとするのが、実は、あの仕組みなんだろうと思うんですよ。「政府に協力すれば、その見返りに補助金が出る」っていうシステムで、まあ、買収ですよね。「国家による買収」を、ちゃんとやってるんだと思うんですよ。

そして、国に有利なほうに教育させようとしているんでしょうけどねえ。

今、矢内原忠雄が東大の総長になっても起きうる批判

矢内原忠雄　まあ、極《きわ》めて難しい。私が、今、東大の総長をやるとしても、クリスチャンとして言っていい部分と、東大総長の入学祝辞として述べていいことと……、例えば、そのなかで、「イエスは、湖の上を、ペタペタと歩かれたのでした」みたいなことを、東大総長として、堂々と述べたら、当然、「非科学的だ」という批判が、翌日の新聞とか、学者の意見として出るわけですよね。

今だって、当然、「個人として信じるのは結構ですが、そんな、非科学的なことが、あたかも、あったかのように言うのは、大学の学問性が、科学的に見て否定されるんじゃないか。だから、総長にふさわしくない。矢内原をクビにしろ」っていうような意見ぐらいは出てくると思いますね。

まあ、これも、「学者をやっている人の多数意見が、どうなっているか」っていうことでしょうけども、基本的に、信仰から離《はな》れていく人の数のほうが増えていってるということはあるし、教育による再生産でも、そういうふうな傾向《けいこう》が出てきているということやね。

少なくとも、宗教学とか、そういう、仏教学、神学《しんがく》等で、基本的に信仰を否定し、「価値判断しない」とか、「中立だ」とか、「公正にやる」とか、社会学のまねをして統計処理してるようなつもりでやるようになってきたら、もはや、〝死に絶えたもの〟だわねえ。

生きた学問としての宗教は、宗教そのもののなかに求めないと無理でしょうね。大学に求めるのは、かなり難しいし、「それは、〝死骸《しがい》の分析《ぶんせき》〟しかしていない」と言わざるをえない。あるいは、「今現在は何の力もない考古学的な宗教に関しての研究だったら、何とでも言える」ということになりましょうね。

やっぱり、それを封《ふう》じるには、一定の信者の勢力が必要かもしれません。今の政治においては、投票権として、一人一票ですのでね。「信仰を持っているか、持っていないか」で、票が来たり、来なかったりすることはありませんから、政府を動かすだけの一定の票数は要るということでしょう。

その意味では、やっぱり、独自で、自分たちの支持者を増やさなきゃいけないところがあるんじゃないかとは思いますね。

「宗教大学」の意味が理解できないならば、許認可する立場にない

酒井　さらに、この大学の自治の根底には、「学問の自由」というものがあると思うのですけれども、今回の審議会の意見を見ると、「学問の自由」の一部である「教授の自由」が「信教の自由」に優先しており、本来、もとにあるべき「信教の自由」を認めないという結論になっています。

法律を知らない人が書いているのでしょうけど、補足事項《じこう》として、「宗教とは別だよ。あくまでも学問的見地からの話なんだ」と言っています。しかし、「信教の自由」のなかには、「親が、子供の信じる宗教を教育し、子供の信じている宗教の学校に進学させてあげる自由」が含まれています。

矢内原忠雄　基本的に、それ（審議）をやってる人たちが、宗教系大学、宗教大学の意味を理解できてないということなんだろうと思うんですよ。

酒井　はい。

矢内原忠雄　だから、「大学」という概念《がいねん》のなかで縛《しば》りをかけて、「『宗教とは別だよ』と言って済む」と思っているならば、宗教系大学の認可を下ろす立場にはないし、実際上、それを、国がしてはいけないということだと思うんですよ。分かってないんだから、現実は。

酒井　はい。さらに、彼らは、「そういった、宗教教育を受けさせない自由が、本当の信教の自由なんだ」と言っているようにも思うのですが……。

矢内原忠雄　現政権が、「宗教の値打ちを高めよう」とかね、「尊敬を集めよう」とか言ってるけど、やっぱり、それは、「どっちに持っていこうとしてるのか」をよく見極めないと、宗教のなかでも不利を被《こうむ》る人が多いだろうと思うんだよね。（幸福の科学は）「現・文科大臣には、おそらく、いくつかの宗教に関係があるんだろうと思うけれども、ある宗教の影響《えいきょう》を強く受けすぎていて、そういう価値観が入っているのではないか」ということを提起してるわけだが、それは、本当は、ジャーナリスティックにも大事なことですわね。「どういう価値観を持っているか」っていうことと、「それによって、宗教性の判断をされる」ということは、やっぱり、大きなことですよね。

勢いがありすぎる宗教を認められない現政権

酒井　今、矢内原先生は、「ほかの宗教のなかでも、不利益を被る人が多いのではないか」とおっしゃいましたが……。

矢内原忠雄　ええ、その恐《おそ》れはありますよ。

酒井　それについて、具体的に教えてください。

矢内原忠雄　うーん、いや、だから、もうね、力がないものは認めるんですよ。すでに衰退《すいたい》期に入っていて、天然記念物的に保護しなきゃいけないレベルになってるものについては（笑）、別に、何の恐れもないので。もうすでに勢いがないというか、伸《の》びる余地がないものに対しては、全然、気にしないので、〝考古学的見地〟から存在を認めるんです。

それで、新しいものについては、力を持ってきた場合、「利用」できる場合は「利用」する。

だから、ペットとして飼える範囲《はんい》ぐらいで元気がいい場合は利用できる。だけど、ペットのレベルを超《こ》えたら、やっぱり、近所の人も怖《こわ》がり始めますから。そらあ、小さな蛇《へび》をペットとして飼ってもいいけれども、それが、二メートルから三メートルのニシキヘビになって、チョロチョロと玄関《げんかん》から顔を出し始めたら、近所の人も生きた心地《ここち》はしないしね。いつ逃《に》げ出してくるか分かりませんから。

まあ、そういう感じですね。

古くて、もう力がなくなったものについては、別に、今さらどうなるものでもないでしょ。だから、天理教《てんりきょう》にしろ、黒住教《くろずみきょう》にしろ、大本教《おおもときょう》にしろ、PL教団にしろ、だいたいは、もう今さら、それらが巨大化《きょだい》して政権を揺《ゆ》さぶるようなことはないと見ていいでしょう。

そういう意味で、時間がどうのこうのと言ってるけれども、裏を読めば、「初代が死んで三代目ぐらいになり、もう、だいたい（教団の）規模も固まって、これ以上は大きくならず、あとは、弱っていくのを食い止めるのが精いっぱいぐらいのレベルでしたら（大学を建てても）いいでしょう」みたいなところですかね。

「それで、まだ大学が成り立つぐらいの規模があるなら、まあ、それでもいいでしょうけども」っていうところがあるので、ある意味で、「勢いがありすぎるのは、やっぱり怖い」ということですよね。

6 安倍《あべ》政権の今後を予測する

ローマ支配下にあったユダヤ人から見る「平和主義」の難しさ

綾織　少し観点が変わるのですが、戦前において、矢内原先生は、キリスト教の立場からの平和主義を唱えられ、戦争を反対する立場にも立たれていたと思います。

矢内原忠雄　うーん。

綾織　戦後においても、平和主義というものが、また別のものとして出てきており、これは、社会主義的な価値観に基《もと》づいて起きてきているわけですが、やはり、今の時点で、真の意味での「平和主義」というものを打ち立てなければならない時期に来ていると思うのです。

もし、今、矢内原先生が、平和主義について、何か提言されるとしたら、どういうものになりますでしょうか。

矢内原忠雄　まあ、それはねえ、すごい難しいものがあると思うんですよ。だから、キリスト教が説かれた時代のユダヤ人っていうのは、要するに、今の韓国《かんこく》ぐらいの感じかねえ。いやあ、もうちょっと前か。もうちょっと前の、日本の植民統治下の韓国みたいなものかもしれませんけれども、（ユダヤ人は）ローマの完全支配下にあったわけで、ローマの脅威《きょうい》にならない範囲《はんい》内での自治が認められてるレベルのものだった。

そのなかで、「民族の維持《いじ》ができればいい」と思う人もいれば、過激派としては、やっぱり、「独立運動で、ローマを追い出すところまでやってしまいたい」と思うところもあったし、また、「そういうことを言えば、逆にやられて潰《つぶ》れちゃうかもしれないから、おとなしくしたほうがいい」とかいう意見もあったりして、まあ、三通りぐらいに分かれてくるのは普通《ふつう》だよね。

これは、イエス処刑《しょけい》の謎《なぞ》にもかかわるとは思うけれども、やっぱり、宗教的な、大勢の人を集めるような人、数千人の人が集まってくるような人を、政治的指導者まで祀《まつ》り上げることができれば、あるいは、パトロンが付けば、革命運動としてローマと対抗《たいこう》するような力になるぐらいの線もあったわけです。

まあ、そういうことがあったわけで、おそらくは、それを期待してた人もいたでしょう。

ただ、古い宗教であるユダヤ教のほうが、どっちかといったら、ローマに完全に飼い馴《な》らされていた。だから、今で言えば、「補助金をもらっているような大学がいっぱいあって、新しいところが独走できないようにしていた」というところでしょうかね。

まあ、そういうところがあったと思うんで、解釈《かいしゃく》はいろいろあったけど、結局は、イスラエルも滅《ほろ》びに至ってるわけですから、難しいところですねえ。

だから、「平和主義」っていうことにおいては、「何もしない、非武装中立的なものだけが、完全に平和か」と言ったら、なかなか難しいところはあると思います。

非武装にしたあとに皆殺《みなごろ》しにされることだって、当然あるわけですから、「防衛のレベルでの平和」というのもありますし、あるいは、侵略《しんりゃく》、抑圧《よくあつ》を受けている場合には、「それを跳《は》ね返しての平和」というのもあるので、まあ、考え方はいろいろだね。

現政権の指標となった「幸福の科学大学の不認可」

矢内原忠雄　私も、平和主義者とは言われているけども、台湾《たいわん》の植民地政策等を講義していたわけですので、何と言うかねえ、「まったくの、今の左翼《さよく》のなかの左翼が言うような平和主義者か」と言えば、もちろん、そうではなかったわけで、同じような考え方を持っていても、やっぱり、そのなかで、「エクストリーミスト」っていうか、「極端《きょくたん》主義者」は出てくるのでね。

日本の勢力を極端に拡張していこうとするなかでは、危険性が出てくるときはあります。そのときに、現状維持のままだったら、それがストッパーに見える面もある。まあ、そのへんのところで、ぶつかりが出てくるところはあるわねえ。

そういう意味では、安倍《あべ》政権の動き方は、ちょっと、そのへんのところと微妙《びみょう》にかかわってるんじゃないでしょうか。だから、今の憲法改正や、改正せずともやれるようになっているあたりのところで、「これをコントロールができるかどうか」っていうところも、非常に大きく引っ掛《か》かってきてはいるわけだ。

まあ、今回、あなたがたの（大学）ところで躓《つまず》きが出たあたりは、もう、マスコミにとって、ものすごく大事な大事な指標だと思うんですよね。

だから、もし、基本的な政治的な方向では似たものを持っていた宗教に対しても、「この政権においては、やっぱり、危《あや》ういところがある」というふうに指摘《してき》するなら、それは、それなりの、「今、彼らが、どのレベルまで突《つ》っ走っているか」を見る指標にはなるでしょうねえ。

幸福の科学が「経済に意見すること」に内心穏《おだ》やかでない安倍《あべ》政権

綾織　「安倍《あべ》政権が変質してきていることが、幸福の科学大学の問題の背景にもある」というように言われている方もいらっしゃったのですが、消費税の問題などもありますし、また、「中国に寄っていっている」という話もあります。このまま、安倍政権は、どのような方向にいくと見られているでしょうか。

矢内原忠雄　うーん、経済学部の教授ではあるので……（笑）。まあ、私の経済学が通じるか、ちょっともう分かりませんが。現在は、だいぶ違《ちが》っているので、私の経済学が通じるかどうかは分からないんですけど、経済のことについて、宗教が、あんまり言いすぎるのは難しいし、まあ、イエスも逃《に》げた口ですから。お金に関しては、「カエサルのものはカエサルに、神のものは神に」と言って分けて、政教分離《ぶんり》のもとになったような言葉も述べているので、難しいと思う。

だから、「経済政策は政府の自由にして、宗教政策に関しては、宗教の意見を反映してもらいたい」というぐらいのところが普通なのかもしれないけれども、たまたま、大川隆法総裁が経済とかにも明るいところがあるために、多少、意見が切れすぎるところはあるわねえ。
そのへんに、まあ、表面上はどうかは知らないけども、やっぱり、（安倍政権にとって）内心穏《おだ》やかでない部分があるんじゃないでしょうかねえ。

躓《つまず》きの反作用として安倍《あべ》首相が始めた「協力者の切り捨て」

酒井　矢内原先生からすると、今の言論弾圧《だんあつ》とか、あるいは、人権の無視、信教の自由の無視などは、当時の国家社会主義の台頭《たいとう》に、かなり近いものがあると感じられるのではないかとも思うのですが。

矢内原忠雄　いやあ、そうなんですよ。九月ぐらいから、ちょっとそれに近づいてきて……。かなり入ってきそうにはなってきてる……。

酒井　当時の日本と比較《ひかく》して、どう思われますか。

矢内原忠雄　安倍《あべ》体制は、ずーっと二〇二〇年あたりまで続けるぐらいのつもりで考えてたんだろうとは思うんだよ。それで、「邪魔《じゃま》になるものは、全部バーッとどけていこうとして、突っ走れそうになっている段階のところで、躓《つまず》きがちょっと出てきている」ということですよね。

その反作用が、何て言うか、「自分に協力した者に対して冷たく切り捨てていく」っていうようなところとして出てき始めてますが、これは、悪王の一つの特《とく》徴《ちょう》ではあります。権力にあるものには、どうしても、そういう、「ライバルを消す」というところがある。「天下を取るまでは、どんなものでも、嫌《きら》いでも、使うところがあるが、天下を取ったら、今度は〝消し〟にかかってくる」っていうのは、法則のようなものなのでね。

そういうのを弱めるために、何て言うか、政党制において、多党制や、それから、政権交代の自由が認められるっていうようなことが大事であったわけです。まあ、憲法改正ができるぐらいの勢力を持ってきたあたりでチェックが働くのも、ある程度は当然のことではありましょうけどね。だから、今回の躓《つまず》きは、あなたがたにとってもダメージかもしれないけども、現政権にとっても、ものすごく大きな躓きだと、私は思いますよ。これは、文科行政という、小さな専門的なところでやったつもりでいるかもしれないけど、政権全体にとっての大きな〝躓きの石〟になるところだと思いますね。

酒井　そうですね。

安倍《あべ》政権は今後、マスコミにどう対応していくのか

酒井　今回は、宗教法人が大学をつくると言ったわけですが、これを、例えば、読売新聞なりが大学をつくると言ったとするると、「『もう一切《いっさい》、政権批判するな』と言われ、政権を批判した瞬間《しゅんかん》に、『あなたがたは手続きに瑕疵《かし》がある』と言われる」ということになるので、まさに「言論封《ふう》じ」になります。

今後、マスコミに対して、政権はどのように対応していくとお考えでしょうか。

矢内原忠雄　うーん。まあ、元財務次官が、読売新聞の監査《かんさ》役に入っているぐらいですから。増税対策としてマスコミのほうの支配に入っているんだろうし、朝日新聞にも、だいぶ攻《せ》め込《こ》むことができたんで、「マスコミ全体は、だいたい屈《くっ》服《ぷく》させられるかなあ」と思っていたあたりで、今度は、意外に、チョコチョコと

動く小さな週刊誌が撃《う》ってきた〝弾《たま》〟に当たって、その小さな〝弾〟が、けっこう当たり始めた。

まあ、そういう意味では、「マスコミも、大きいところになったら束ねられやすいので、小さいものもあること自体は、悪いことではない」っていうことです。一般《いっぱん》には、天邪鬼《あまのじゃく》で、変なマスコミも週刊誌も多いんだけど、「ほかが、そういうものに便乗してくれれば、そういうものの発する〝弾〟が当たることがある」ということも知ったほうがいいね。

だから、あなたがたの（幸福の科学大学）も、みんなが見ているとは思いますし、もちろん、賛成と反対の両方が出てくると思いますけど、やっぱり、政権のほうも、「世論《せろん》がどう動くか」っていうことを、敏感《びんかん》には感じると思います。やっぱり、基本的には、「マスコミも影響《えいきょう》を受けつつ、世論がどういうふうに判断するか」ということで、軌道《きどう》修正は働くはずだと思います。

安倍《あべ》政権の根底にあるものは「名家出身ゆえの個人的な思い」

酒井　最近も、安倍《あべ》首相は、朝日新聞に対して、かなり怒《おこ》っているようですが、私自身、以前、朝日新聞の批判を直接聞いたことがあります。もし本当に（朝日を）潰そうと思って、それを国がしてしまった場合、まさに戦前に行われた言論統制であり、国家社会主義になると思うのです。

この政権の根底にあるものはいったい何だとお考えでしょうか。

矢内原忠雄　うーん（ため息）。意外に、個人的なものかもしれませんね。

酒井　ああ、そうなんですか（苦笑）。

矢内原忠雄　ああ、意外に個人的なものかもしれません。うーん……。やっぱり、おじいさん（岸信介《きしのぶすけ》元首相）とか大叔父《おおおじ》さん（佐藤栄作《さとうえいさく》元首相）あたりとの比較？　あるいは、父親（安倍晋太郎《あべしんたろう》元外相）との比較あたりの、個人的な事情から、「力があるところを見せたい」っていうのはある。

だから、結局、武田信玄《たけだしんげん》のあとの勝頼《かつより》と同じで、力があるところを見せたくて、何て言うのかなあ、まあ、かえって滅亡《めつぼう》していったようなところもあり、勝頼自身も、なかなか勇猛果敢《ゆうもうかかん》な武将だったと聞いておりますけれども、向こうは、急いだところがあるわね。

だから、何と言うか、いろんな比較をいっぱいされてますからねえ。名家と言っても、ただのボンボンで（首相に）なれるわけじゃないので、やっぱり、それだけの圧力はかかってるし、批判も受けておりますからね。

マスコミも「国際社会で認められる為政者《いせいしゃ》」を望んでいる

矢内原忠雄　また、マスコミのほうは、何て言うか、インテリ集団はインテリ集団で、意外にインテリに弱いんですよねえ。マスコミも、インテリには弱いところがあって、インテリじゃないものに対しては、順調なときは、ある程度認めるんだけど、ちょっと脱線《だっせん》し始めたり、暴走し始めたり、言うことをきかなくなったりすると、突如《とつじょ》、襲《おそ》いかかって、一気にバカにし始める。

例えば、漢字が読めないとか（笑）。漢字を二つ、三つ読めないだけで、もう、「総理の資格なし」みたいなことを言い始める。まあ、これは、大小から言うと、かなり離《はな》れた〝あれ〟ではありますけれどもね。そうとう離れた〝あれ〟であるけど。

やっぱり、基本的には、「哲人《てつじん》政治」とまでは言わないかもしれないけど、「インテリ政治」というか、いちおう、「世間《せけん》的に認められるぐらいの方、国際社会でも認められるぐらいの立場の方が、この国の為政者《いせいしゃ》であってほしいな」という気持ちを持っているとは思うんですよ。理想主義としてね。

マスコミが拍子抜《ひょうしぬ》けするほど弱い「今の政治家」

矢内原忠雄　まあ、マスコミ標準値としては、だいたい早稲田《わせだ》ぐらいが中心でございますので、早稲田ぐらいがだいたい政治批判をしている。これが野党の代わりに政権を批判する立場にあるわけだから、政府の中枢《ちゅうすう》にいるのは、やっぱり、東大ぐらいでないと批判のしがいはないわけですよね。そのぐらい強権で、東大で、威張《いば》って威張ってして、「貧乏人《びんぼうにん》は麦を食え」ぐらい言ってくれたら、ここぞとばかりに、マスコミのほうは叩《たた》きたいところだわねえ。

だから、吉田茂《よしだしげる》ぐらいのワンマン度が出てくれたら、マスコミは存在意義があるよな。もう、うれしくてしょうがない。これを叩き落とすという在野《ざいや》精神が、マスコミの本領だと思うんだよね。

ところが、マスコミから見て、「あれ？　こんなのでいいんですか」みたいな感じの人が次々と出てくるじゃないですか。今回、小渕《おぶち》さんの娘《むすめ》さんの経産大臣かねえ？　本当は幹事長にも使おうとされていたけど、あれなんかも拍子抜《ひょうしぬ》けしているんじゃないですか。マスコミから見たら、「ええっ？　この程度で、こんな簡単に落ちるの？」っていうぐらい。

逆に、「政治家は、もっと強くあってほしい」という気持ちがあるんじゃないでしょうかねえ。「こんなに弱いの？」という感じです。「これだったら、市議だってもたないんじゃないか」というぐらいでしょうねえ。「これで市議がもちますかねえ。高崎《たかさき》市議でももたないんじゃないか」というぐらいの弱さだったんじゃないですかねえ。「町長でももたないかもしれない」というぐらいの感じだったので。

そういう意味での「血統カリスマ」が、あっさり敗《やぶ》れてしまったというところですねえ。これだったら、小泉進次郎《こいずみしんじろう》を立てても一緒《いっしょ》でしょう。同じことが起きる。たぶんね。たぶん起きるでしょうから、拍子抜けしているぐらいの感じだと思います。

それで強い相手を探しても、あまり存在しないんですよね。誰《だれ》を攻撃《こうげき》すれば、「攻略した」と言えるかというほど、強い相手はいないんですよ。何だか知らないけど、みんな、「半分人間・半分幽霊《ゆうれい》」みたいな感じで動いているんですよ。半分亡霊《ぼうれい》みたいな感じで。半分、軍国主義の亡霊と合体しながら、フワフワと動いているような感じなので、弾を撃っても、当たっているようで、当たっていないようで、何かよく分からないような人たちなんですよね。

その意味では、非常に難しい部分もあるのかとは思いますけどもねえ。

マスコミが幸福の科学を応援《おうえん》する「ターニングポイント」

矢内原忠雄　だから、あなたがたが、（安倍政権を）ある程度、支援《しえん》していたことは、そうとう応援になっていたと思いますよ。「それがなくても、もう行ける」と思ったあたりで、実は曲がり角になってきているんじゃないでしょうかねえ。次第《しだい》しだいに人心は離れていくと思いますよ。

幸福の科学を批判しただけでも、アンチになっただけでも、支持率の十パーセントや二十パーセントは下がってくるということが、そのうち分かってくると思いますけどね。まあ、間接的な影響力が、どのぐらいあったかというところですねえ。彼らにないものを補っていた部分がありましたからね

このへんは、世論が解決するとは思いますけれども、ときどき、週刊誌等で大川隆法の批判とかが出ているのを見て、マスコミは批判的だと思っているのかも

しれないけども、「ほかの宗教と一緒だ」なんて全然思っていないですよ。「違い」は明らかに分かっている。自分らが判断つきかねるところについては、幸福の科学の見識を非常に頼《たよ》りにしているところはあると思いますよ。実際、そう思っていると思いますから。

まあ、これ（大学の不認可）は、あなたがたにとって、一見、マイナスに見えるけども、マスコミ側から見れば、ある意味で、「あなたがたを応援してもいいという、ターニングポイントを迎《むか》えた」と言ってもいい時期ではあるかもしれません。

7　マスコミや世間《せけん》はどう動くか

「試練を乗り越《こ》えて信仰《しんこう》についてくる人たち」の将来は有望

綾織　幸福の科学大学の受験を予定していた子供たちはたくさんいます。何年か遅《おく》れることになるわけですが、この子供たちは、今回の経験をいかにプラスに変えていけばよいのでしょうか。矢内原先生も大学を辞められたあと、個人の雑誌を発行され、キリスト教者としての姿勢を見せられたこともありましたので、この点についてアドバイスを頂ければと思います。

矢内原忠雄　まあ、〝二つの信仰《しんこう》〟が立っているんだろうと思うんですよ。「文部科学省が認める大学の序列みたいなものへの信仰」と、いわゆる「宗教に対する信仰」が。受験生も含《ふく》めた若い学生、生徒のみなさん方は、その〝二つの信仰〟の間にいるんだろうと思うんですよね。だから、これは彼らにとっての「試《ため》し」ではありましょうけどもね。

だけど、それは就職する際でもそうですよね。「古い大手の会社だったら、安心だ」みたいな感じです。昔ながらの「生活が安定して、出世が約束されて、結《けっ》婚《こん》するのも有利だ」みたいな感じの百年企業《きぎょう》を求める。財閥《ざいばつ》系の企業とかね。そういうものにいたがる人と、ベンチャーなんかに行きたがる人とは、タイプが違《ちが》いますけどね。

彼らにとっても試練だとは思います。でも、この試練を乗り越《こ》えて、信仰についてくる人たちは、将来、有望な方々なんじゃないでしょうかねえ。

完全に「天動説」になっている文科省の傲慢《ごうまん》さ

矢内原忠雄　文部科学省の信頼《しんらい》でもって大学が成り立っているように、彼ら（文科省の人々）は思っているんだろうけども、それはもう完全に「天動説」です。地球の周りを天体が回っていると思ってる。

「文科省側が認めてこその大学で、文科省が認めてこその序列で、文科省が補助金を出す順序で偉《えら》いんだ」という感じです。「国際競争力を出すことも、全部、文科省のアイデアによってなされることであって」みたいに、すべて自分らがやっているようなことにしたいんだと思うんだけども、これは「全体主義への道」そのものではあろうと思うんですね。

もっと自由に競争したら、伸《の》びていくものと、落ちていくものとが出てきて当然です。役所ができるのは、基本は「護送船団方式」だろうと思うので、あなたがたは〝新しいパイロット校〟をやろうとしているわけだから、自分たちなりに自由なものがやりたかったら、それなりにやっていい。別に前に道がなくても、よろしいんじゃないですか。自分たちがやりたいことをやっていけばいい。

私は、別に学校なんて、株式会社であっても構わないと思いますよ。要するに、経営が安定さえしとれば、株式会社が学校を支援《しえん》したって、別に構わないと思いますよ。例えば、日本の経済を、もう一回発展させるために、株式会社が支援して大学をつくる。大自動車会社が「トヨタ大学」をつくったって、別に問題はまったくないと思いますよ。

だから、「文科省でなければ認可できない」とか思うのは、一種の傲慢《ごうまん》さであるんじゃないかなと思いますねえ。学識経験者といっても、みんな範囲《はんい》が狭《せま》いですから。それらの多数決で決められるようなものでも必ずしもないでしょうから、自立していかれていい面もあろうと思いますけどね。

「マスコミの〝判例〟」になろうとしている幸福の科学

矢内原忠雄　あとは、「内容勝負」でしょうから。宗教であっても、あなたがたが発信しているものは、いわゆる「宗教」にとどまらないものまで発信されていますので、実際に言論人やマスコミ人から、学者等でも参考にしている人はたくさんいると思うんですよ。

すでに読んで勉強している人はたくさんいるので、影響《えいきょう》を受けている人もあれば、「こんなものは学問じゃない」と思ってはねつけている人の、両方があると思いますよ。

やっぱり、〝浸透力《しんとう》〟の問題だろうと思うし、ある意味では、政界だけでなくて、学者業界からも嫉妬《しっと》はされているんじゃないでしょうかね。「学者の条件は本が売れないことというか、売れない本を書くのが学者の条件であって、三千部以上売れる本を書く人は学者ではない。それは作家であって、学者じゃないんだ」というふうな考え方もありましょうから（笑）。学者にも嫉妬が入るんじゃないですか。

今回のことを見ていて、そう思いましたよ。（大学設置分科会会長である佐藤《さとう》東洋士《とよし》氏が桜美林《おうびりん》大学の）「総長」といっても、世間《せけん》では誰《だれ》も知らないじゃないですか。大川隆法総裁のほうがはるかに有名ですからね。その嫉妬もあると思いますよ。だから、いろんなものを受けていると思うのでね。

だから、こういうときに、どういうふうに、あなたがたが行動するか、判断するか、意見を出すか。やっぱり、世間は〝判例〟を求めていると思うんです。むしろ、「どういうふうにするか」という判例を求めていて、それを参考にして、今後の資料にしたいのです。あなたがたは、とうとう「マスコミの判例」になろうとしているんじゃないでしょうか。

不認可は「世直しを始めてもよろしい」という意味

矢内原忠雄　ただ、大本教《おおもときょう》や天理教《てんりきょう》の弾圧《だんあつ》の時代に比べれば、だいぶ違うものはあるように思いますよ。もちろん、社会の仕組みもだいぶ違うところもございますけれども、やっぱり、幸福の科学から出ているものは、社会的にバランスが取れていて、識者がちゃんと内容を評価できるようなものを含んでいるわね。はっきり言ってね。

私たちのように、「古いキリスト教の二千年前の教えに基《もと》づいて、すべての学問をチェックする」というふうな感じでやられても迷惑《めいわく》ではあろうと思いますが、（幸福の科学は）かなり柔軟《じゅうなん》に変化しながら、拡大していらっしゃるし、新しいものを取り入れていこうとしている姿勢には素晴《すば》らしいものがあると思うので、十分に社会的な存在としてありえると思うし、学問領域についても、一定の見識があることぐらいは、本が読めるぐらいの人なら、ある程度、分かっていると思うんですね。

だから、「内容での戦いで不認可を頂く」ということは、むしろ〝光栄なこと〟であって、「『世直しの切符《きっぷ》』が与《あた》えられた。『手形』が与えられた」と考えるべきです。「『世直し御免《ごめん》』の通行手形を頂いた」「『世直しを始めてよろしい』という信号が灯《とも》った」ということですね。まあ、いいんじゃないですか。

私は、なんか愉快《ゆかい》、愉快（会場笑）。もっと、やってほしい。私らは大学を辞職するぐらいしかなかったし、「戦争で負けてでもくれないか」と思うようなことがあった面はありますけども。

今後、あなたがたが言ってることが当たってきた場合、日蓮《にちれん》のときに起きたのと同じことが起きると思いますよ。まあ、あそこまで、〝尾《お》羽《は》打《う》ち枯《か》らした〟状態にならないで、ある程度の勢力を保ちつつ、世直しができると思う。総裁の考え方自体には非常に寛容度《かんよう》があり、「社会制度そのものを破壊《はかい》しよう」というような気持ちがあまりないですから。そういうふうに思っているわけではないので。「精神界のリーダーとして引っ張っていこう」としているところが、かなり明確に出てますからね。

だから、「大学を建てるために、霊言集《れいげんしゅう》を出すのをやめろ」というようなことを、もし文科省が公式に言うんだったら、さすがにマスコミでも許さないんじゃないかと思いますよ。「これは、完全に宗教の『信教の自由』違反《いはん》だ」というのは明らかでしょうね。間違いなくそう言うと思う。

「不正行為《こうい》」とは「私は腹が立った」ということ

酒井　ただ、途中経過《とちゅうけいか》で霊言集が出たことに対して、「不正行為《こうい》である」と言っています。

矢内原忠雄　（笑）。それは、「不正行為」とは言わないんじゃないですかねえ。それは、「私が腹立った」と言っている人がいるだけでしょう。

酒井　「公的な何かにかかわった段階から、宗教儀式《ぎしき》や行事に伴《ともな》う発信は一切《いっさい》してはいけない」ということになります。これ（霊言）は憲法で保障されている宗教上の行為であるにもかかわらず、それを一政府機関が、「国家に対する不正である」ということで文書で通達してきました。公開していますので、「政府の判断」ということになります。

矢内原忠雄　これは、「お上《かみ》の批判をしてはいけない」ということだから、「報道の自由」や「言論の自由」も封殺《ふうさつ》されることを意味しているね。だから、それは、

「万機公論《ばんきこうろん》に決すべし」で、多くの人たちから、どれだけ承認を取れるかの競争になるんじゃないでしょうかねえ。向こうもまた、ほかにたくさん敵を抱《かか》えているのは同じでしょうから、野党やマスコミからの攻撃《こうげき》が一部始まるだろうと思いますよ。

「ジャーナリスティックな意見」を言える幸福の科学

酒井　幸福の科学の教義は、学問として認められなかったわけですが、他のキリスト教、イスラム教、仏教、神道、天理教、創価学会《そうかがっかい》は学問として認められています。

今回、政府は教えの中身によって、「宗教に違いがある」と明確に判定したわけですが、今後、幸福の科学の信仰は、国の未来に対して、あるいは、学問や政治などに対して、どのように資することができるのでしょうか。ご見解をお持ちであれば、教えていただければと思います。

矢内原忠雄　まあ、「宗教に違いがある」というよりも、「（あなたがたが）かなりジャーナリスティックな意見を言うから、怖《こわ》い」ということなんじゃないですかねえ。

昔の人の話ばっかり言っている分には、別に困らないんじゃないですか。「二《にの》宮尊徳《みやそんとく》先生は、どうのこうの」と言っとれば、別に何も問題はなかったのかもしれませんけれども（笑）。「藩政《はんせい》改革のときに、こういうふうになされた」みたいな感じでやっている分には構わないんだろうと思うけど、かなりジャーナリスティックに、意見を言ってくるからね。そのへんが「うるさい」ということで、マスコミがもう一ついるような状況《じょうきょう》だったのかもしれませんけどもね。

これはしばらく、世間としては〝見物《みもの》〟なんじゃないですかねえ。まあ、私がそんなこと言っちゃいけないとは思いますけど、宗教として一度はくぐっても悪くはないんじゃないですかねえ。宗教らしさがたぶん出てくると思う。政府を応援するだけの宗教だったら、〝御用《ごよう》宗教〟みたいに見えますから、「ちゃんと是々《ぜぜ》非々《ひひ》で来るんだな」というのを知られたほうが、宗教としての独立性はキチッとしてくるんじゃないかねえ。

ほかの宗教との違いは、「ジャーナリスティックなところ」だと思う。むしろね。ジャーナリスティックなところだと思う。今まで、政治的な意見をはっきり出したのは、創価学会ぐらいしかなかったのかもしれないけども、それよりもずっと精神的ですからね。政党（幸福実現党）のほうも、今、暗中模索《あんちゅうもさく》でやっているところでしょうけども、同じようなところはあるかもしれませんね。

彼ら（現政権）から見れば、「百年後でいいじゃないか」と言いたいぐらいのことなんじゃないですか。本当はね。「われわれはみんな、死んでいないから、百年後にしてくれ」と言っているんじゃないですかね（笑）。先延ばし。

酒井　ただ、百年もたつ前に、「あと数年、あるいは十年ぐらいで、国の大きな危機がくるかもしれない」と考えているのが幸福の科学なのですけれども。

矢内原忠雄　でも、実際、（幸福の科学は）大臣とか、総理大臣をすっ飛ばして、省庁のほうにまで命令を飛ばしてんじゃないの？　警察庁だの、防衛省だのに、〝ゴーサイン〟を出したりしているんじゃないんですか、現実は。あなたがたの意見を参考にして動いているし、マスコミを、ある程度、牽制《けんせい》できる力があると見て、動いているところはあるんじゃないですかねえ。

「ザ・リバティ」は部数よりも〝言論のキレ〟で勝負をすればいい

酒井　そうすると、今の状態で国の危機は回避《かいひ》できるのでしょうか。

矢内原忠雄　うーん。まあ、かといって、「安倍さんが頼《たよ》りないから、宗教が代わって、全部牛耳《ぎゅうじ》る」というのを、すぐに認めるかといったら、そうはいかないと思うよ。それはそれなりに、もっと大きな攻撃が必ずまた来るはずですから。

まあ、そのへんの兼《か》ね合いは難しいね。

だから、エスタブリッシュメント（確立した政治勢力）として、なかに入り込《こ》む難しさは、けっこうあるだろうと思う。

昨日は、内村先生にだいぶ〝いじめられて〟いたね。「信者が増えているのに、『リバティ』の部数が増えていないのはおかしい。仕事しとるのか」みたいな感じに言われてたけど、いや、部数が伸びていないというのはいいことで、本当に部数が朝日新聞を超え、読売新聞を超《こ》えたりしたら、大変なことになります。それは弾圧のもとになるから。「リバティ」一誌で弾圧されてしまいますから。「やっぱり、そんなにうまいこと、いかないもんだな」と、他のマスコミからも思われているぐらいのほうがよろしくてね。まあ、〝言論のキレ〟で勝負すればいいんだと思いますよ、私は。うん。

綾織　「影響力」と「部数」は、関係ありますので、頑張《がんば》っていきます。

矢内原忠雄　ええ。〝キレのある言論〟を言って、必要な人が読んでくれれば、まあ、十分だとは思いますけどね。

隠密《おんみつ》行動が不可能になる〝写真雑誌性〟を持つ「霊言《れいげん》」の怖《こわ》さ

矢内原忠雄　この「霊言《れいげん》」って、怖《こわ》がられているんだと思いますよ、「霊言」が。だから、かつてのですね、あなたがたが戦った写真雑誌の「フォーカス」や「フライデー」の代わりになってきているようなところがあって（笑）、「生きた人間」を対象にできる。

「（過去の歴史上の）古い人」については、もう〝動かない〟からどうでもいいんですけれども、「生きた人間が直接取材を申し込まれたら、当然断る内容を断れないで、意見を引きずり出される」ということに対して、「恐怖《きょうふ》」を覚えていると思うんだ。これがね。だから、そこのところでしょう。たぶん、「ここを何とか封印したい」ということなんじゃないかね。うーん。まあ、分かりませんが。

（注。霊言には、過去の歴史上の人物の霊言と、現在生きている人物の守護霊霊

言の二つのタイプがある）

でも、あなたがたは「霊界《れいかい》の存在証明をしたい」という気持ちが強くてやっているところだね。まあ、このへんの「純粋《じゅんすい》さの勝負」ではあるかもしれません。

もちろん、「古い人」だって、「違いがある」と言えば、そらあ、あるかもしれない。「こんな人ではなかった」みたいな言い方する人も当然あるとは思いますけど、「新しい人」が出ている理由は、現実に見て、やっぱり何て言うか、ちょっと〝写真雑誌性〟がありますね。そういうところがあるから、これだったら、もはや防衛のしようがないからでしょう。

いやいや、もう隠密《おんみつ》行動が不可能になりますから、内容を否定しておかないと存続できないっていうか、生き延びられないことになりますよね。「この人はこう考えています」と言って出されるわけですので、それを否定して回らないといけませんからね。

その意味で、「政府にプラスになることは発表して、プラスにならないことは、全部隠《かく》してくれる」というんだったら別にいいかもしれないですけども、まあ、このへん、難しさを感じているということでしょうか。

だから、うーん、マスコミのほうも、やっぱり「悔《くや》しい」っていうか、「そういう取材の方法があっていいのか」みたいなことを、多少は思っているところもあるので、これは難しいものもあるんですけどね。

「今はどちらかといえば、宗教性、宗教的なあの世の証明に力を入れているんだな」ということも分かってはいるんだけど、ただ、自分たちの領域を一部侵《おか》しているることは知ってるので、このへんは微妙《びみょう》なあたりでしょうかねえ。

宗教ならではの〝ドラマ〟をどう乗り越《こ》えていくか

矢内原忠雄　まあ、マスコミのほうから見れば、今回、味噌《みそ》をつけられたということは、「ほお、『弘法《こうぼう》にも筆の誤り』『猿《さる》も木から落ちる』っていうことは、本当にあるんですね」みたいな、たぶんそんな感じだと思いますよ。

百社ぐらい聞いて回ったら、だいたい七、八割の意見は、「『弘法にも筆の誤り』『猿も木から落ちる』『河童《かっぱ》の川流れ』ってあるんですね。幸福の科学さんの計画しているようなことでも、ミスることはあるんですね」みたいな、ちょっとした驚《おどろ》き、軽い驚きとともに、ホッとするようなところがあるんじゃないですか。なんか、そういう面はあるような気がしますけど。

あんまり礼賛《らいさん》するわけにはいかないけども、宗教っていうのは、やっぱり何か〝ドラマ〟がないと大きくならないから、まあ、その意味では、「これをどう乗り越《こ》えていくかというところを信者も見ているし、外の人たちも見ているし、後世の者たちも見ているんだ」と思わなきゃいけないでしょうね。どう乗り切っていくのか、これが見せどころだと思う。

だから、「経営成功学部なんてつくっても、経営なんて成功しないのに、なんで分からないんだ。じゃあ、分からせてやろうか」ということで潰《つぶ》しにきたわけです。

そして、「やっぱり成功しないだろうが。経営は、成功も失敗もするんだから、『経営学部』か『事業構想学部』ぐらいにしときゃいいんだ。ひとりだけ『（経営）成功学部』なんて、ほかの大学にないものをつくろうとするから、こういう目に遭《あ》うんだ。これ、見事に失敗したじゃないか。これを天下に知らせた。おお、経営に失敗した。さあ、どうするんだ。『不良債権《さいけん》がいっぱいできた。幸福の科学は潰れるのか』っていうのが、週刊誌にいっぱい出るぞ。さあどうする？」っていう、あれではあるわけですよ。

つまり、「分からんようだから、経営が失敗することを教えたろう」と、親切に教えてくださっているわけで、これをどう乗り越えるかを見せることで、「ああ、やっぱり大したもんだな」という結果に行くこともあるし、これでアッサリと沈《しず》んでいくなら、あれだと思う。

マスコミの多くも、「（幸福の科学が）政党をつくって、みんな落選したら、もう、教団の教勢は衰《おとろ》えて、お金も底をついて、だんだんおとなしくなっていくだろう」と思ったら、延々とやってるので、何だか不思議な感じ、狐《きつね》につままれたような状態にいるんだとは思うんだけども。ここでも、どういうふうにするかを見て、不思議な感じは出てくるだろうと思いますね。

いかなるものも太刀打《たちう》ちできない「ミラクルの存在」

矢内原忠雄　でも、まあ、「ミラクルの存在」なんでしょうし、自分たちが好きなようにやりたいんだろうから、やってみたらいいんじゃないでしょうか。私は、何かそんな感じがしますけどね。ええ。

だから、「文科省のお墨付《すみつ》きがもらえれば、学校として信用がつく」なんていう段階ではないんじゃないか。

「宗教法人としての信用」もあれば、「大川隆法個人の信用」もあるし、それから、「出版として『これだけ本を出している』という信用」もある。これ、学界、学者の世界で、どこの総長が太刀打《たちう》ちできますか。こんなもの、太刀打ちできる総長はいませんよ。そらあ、全然、太刀打ちできないですよ。

はっきり言って、ローマ法王だって太刀打ちできないですよ。もう、全然。言論戦で太刀打ちなんか不可能ですので。すごく突出《とっしゅつ》した存在だと思います。奇跡《きせき》ですよね。

本当に、「パンダが最後の一頭になった状態」に近い状態かと思いますので、どこまでやるのかというのは注目でしょうね。

うーん。まあ、だから、「あなたがた自身がドラマ」なんだから、最終話がどこまでいくのかを見せなきゃいけない。

師を「知らない」と言ったペテロのように二千年の悔《く》いを残すなかれ

矢内原忠雄　ただ、今、言えることは、ほかの人も言っているように、「弟子《でし》の側が、もうちょっと強くなければいけない。戦わなきゃいけない」ということです。弟子が情けないと、ペテロみたいになりますよ。そういうことを避けたら、汚名《おめい》となって後々《のちのち》に遺《のこ》りますよ。ねえ。

「先生を知らない」なんて、「鶏《にわとり》が二回鳴くまでに、『イエスなんて知らない』と三回言うだろう」なんていう予言が当てられるようでは、もう、それは二千年の悔《く》いを残しますよということを、やっぱり、私は言っておきたいね。

だから、そうならないようにしたほうがいいよ。うーん。

酒井　はい。本日は、まことにありがとうございました。

矢内原忠雄　うーん。（今日をふり返って）あんまり「厳しい矢内原」じゃなかったね。内村先生のほうがよっぽど〝厳しかった〟ねえ。

酒井　そうでした（苦笑）。

矢内原忠雄　うーん。まあ、たまには、このくらいバランス取らないと、もう呼んでくれないね、誰もね。

キリスト教系は、もうお断りになる寸前だから。

酒井　いや、そんなことはないです。

矢内原忠雄　うーん。でも、今回の座談（審議会《しんぎかい》）でも、会長（前出の桜美林《おうびりん》大学総長・佐藤東洋士《さとうとよし》氏）がキリスト教系だったということもあるので、内村さんとか私とかが出ることで、多少、キリスト教系に対するメッセージ性は出るんじゃないでしょうかね。うん。

8　矢内原忠雄の過去世《かこぜ》は「初代教皇」

イエスの時代に弟子《でし》だった過去世《かこぜ》

武田　先ほど、最後にチラッとペテロ様のことをおっしゃっていましたけれども、矢内原忠雄さんの過去世《かこぜ》にペテロ様がいるというのは真実なのでしょうか（『黄金の法』、『愛、無限』〔幸福の科学出版〕、『大川隆法霊言全集』第5巻〔宗教法人幸福の科学〕等参照）。

矢内原忠雄　うーん。〝恥《は》ずかしいペテロ〟か、〝法王となったペテロ〟か、どっちのペテロをイメージされているのかは知らないですけどね。

いいですねえ、内村先生は。あれだけ剛毅《ごうき》なことが言えて、よかったですね。「命も惜《お》しまん」というようなことが言えて、いいですね。命を惜しんだイエスの弟子《でし》たちは恥ずかしくて、もう表に出られないでしょう。本当にねえ……。もう、「漁師の息子《むすこ》」は駄目《だめ》ですね！　本当に「学《がく》」がないためにねえ。

武田　では、ペテロ様ということですね。

内村鑑三《うちむらかんぞう》はイエスの時代に生まれていたか

武田　内村先生は、当時、出ておられなかったのでしょうか。

矢内原忠雄　ええ？

武田　十二使徒《しと》として、あるいは……。

矢内原忠雄　十二使徒ではなかったんでないのかなあ……。やっぱり、うーん。

武田　その時代にはいらっしゃったのですか。

矢内原忠雄　うーん……、やっぱり指導霊《しどうれい》だったんじゃないかねえ。

武田　ああ、指導霊ですか。その当時にはいらっしゃらなかったのですね。

矢内原忠雄　（イエスの）弟子の仲間にいたとは思わないんですけどね。旧約の時代あたりに活躍されたようではありますけども。うーん。

武田　ああ、なるほど。

矢内原忠雄　まあ、他人様《ひとさま》の秘密をあんまり言うのもね。ちょっと分かりませんが、もしかして出てたのかなあ。しかし、ちょっと、うーん……。

まあ、本人が言わないんなら、そら、言わないほうがいいんじゃないですか。違《ちが》うかもしれないから。

武田　分かりました。

「海岸の砂のような信仰《しんこう》を固めて、教会が建つ巖《いわお》に変えたい」

矢内原忠雄　私は、「信仰心《しんこうしん》のなさ」を嘆《なげ》いた人間の一人なので。

「ペテロ」も、これは法名《ほうみょう》ですから。先生、イエスがつけてくれた法名です。「ペテロ」というのは「巖《いわお》」という意味で、岩ですね。大きな岩のことなんです。「ペテロの上に教会を建てよ」ということで、私の上に教会を建てろと言われた。そういうふうな強固の岩盤《がんばん》みたいな人間でなければいけない、信仰の塊《かたまり》でなきゃいけない者であったのに、鶏《にわとり》が二度鳴く前に先生を裏切って逃《に》げ回ったという……。まあ、実に情けない。

いやあ、本当は、昨日（内村鑑三の霊言《れいげん》で）、言ってた武士道の切腹《せっぷく》みたいなことなんて、とても言えるような……。それこそ、切腹しなきゃいけない状態なので。「気の弱い、本当に情けない男だった」と、自分でも思っています。

「矢内原事件」でも、みんなは剛毅《ごうき》な戦いでもしたように思うかもしれないけど、そんなことはなくて、実際上の弾圧《だんあつ》というよりは、「大学で周りに迷惑《めいわく》をかけるから、もう辞《や》めた」みたいな感じであったので。どちらかといえば神経は細くて気の弱いほうであったので、自分でも「情けないな」と、常に思っております。

だから、「情けない男だからこそ、その海岸の砂みたいな信仰を何とか固めて岩に変え、教会が建つような巖《いわお》に変えなきゃいけない」と、そういうふうにずーっと思い続けましたけどね。二千年思い続けましたけど。まあ、なかなかそうはいかなくて、うーん、残念。

あなたがたには、そんなふうにはなってほしくないね。

商業・貿易方面に関わった過去世《かこぜ》もある

綾織　すみません。この二千年間、まったく生まれたことがなかったわけではないと思うんですけれども……。

矢内原忠雄　ハッハ（笑）。くるね。

綾織　差し支えないところで結構なのですが、「信仰者としての生き方」という意味では、ぜひ、お教えいただきたいと思います。

矢内原忠雄　うーん……。出てないわけはないわね。まあ、どこかでは出ているでしょう。

だから、二百何十代も続いた教皇のなかには出ている（笑）、ということでしょうね。教皇で出たこともあれば、そういう教皇という立場ではない出方もあったかもしれません。

綾織　それは、キリスト教の流れのなかで……。

矢内原忠雄　うーん。教皇でない出方の場合はちょっと違っていて、どっちかといったら、今のように、経済のほうも少しやっているので。

綾織　ああ、そうなんですか。

矢内原忠雄　経済が流行《はや》った時代に、何て言うかなあ、オランダの辺で非常に商業が流行ってきたような時代にね、現実の貿易なんかが非常に流行ってきた時代に、そうしたところに出たこともありますけどもね。ええ。まあ、そんなような感じのところです。

この三十年での幸福の科学は「初期キリスト教」より成功している

矢内原忠雄　でも、初代教皇と言えば、日本では神武《じんむ》天皇に相当するんですか。うーん、まあ、ちょっと恥ずかしいかな。

だから、あんな裏切り者みたいなのが初代教皇だっていうのは、本当にキリスト教は情けない、情けない。情けないですねえ……。

綾織　いえいえ。伝道師として、命をかけられましたので。

矢内原忠雄　（舌打ち）もうちょっと、もうちょっと、うーん。イエスが処刑《しょけい》されるときには、やっぱり、刀を持って斬《き》り込《こ》むぐらい行かなきゃいけなかった。情けなかったですね。

綾織　その後の伝道師としての仕事はあると思います。

矢内原忠雄　まあ、君たちは頑張《がんば》って、何とか名を遺《のこ》せるような弟子になってください よ。うん。

何て言うか、今までのところ、幸福の科学は、私たちが生きていたときのキリスト教よりは頑張っていると思いますよ。今までのところはね。

何百年か、三、四百年後はどうなってるかについては、まだ分からない。今のところ、この三十年ぐらいを見るかぎりでは、イエスと、イエス没後《ぼつご》の、私たちの生きていた時代まで入れても、まあ、あなたがたのほうが成功はしていると思いますけども。これからが肝心《かんじん》だと思います。

私なんかは、もうほとんど役に立ちませんけども、何かの折には使っていただければ幸いかなと思っています。

私の名前でも、ちょっとぐらいは心が動く人も、読者のうちの百人ぐらいは心が動く人もいるかもしれないので。まあ、そういう意味で、キリスト教系の大学なんかを出ても、信仰を大して持ってないでフラフラしていたような人が、内村先生や矢内原を読んで「あっ！」と思って、惹《ひ》かれて来るようなこともあるかもしれませんね。

まあ、陰《かげ》ながら応援《おうえん》はさせていただいていますので、どうか頑張ってください。

質問者一同　ありがとうございました。

9　矢内原忠雄の霊言《れいげん》を終えて

大川隆法　（手を二回叩《たた》く）ということでした。

うーん、それほど激しくは言われなかったし、当会の問題を中心に話を出してしまったので、若干《じゃっかん》申し訳なかったところはあるのですが、かなり代弁してくださったような部分はあったでしょうか。

でも、今回の幸福の科学大学の不認可の引き合いに出すには、悪くない事例だったかもしれません。「政府当局の圧力によって、学問や信仰《しんこう》が弾圧《だんあつ》される」という意味では、引き合いに出せる人ではあったので、一つの論点として潰《つぶ》しておいたほうがよいものだったといえるでしょう。

また、今の当会の立場については、「日蓮《にちれん》的な立場にある」という言い方をされていましたが、まあ、そうかもしれません。読む人がそのように歴史的に認識をされるなら、理解しやすいのではないでしょうか。

ただ、当会としても、それほど弾圧を受け続けることを望んでいるわけではありませんので、何とか〝自動調整装置〟が働いて、いい方向に動いていくように努力したいと思います。はい。

質問者一同　ありがとうございました。

あとがき

真理に最も遠い立場にある者が、学問をやっている時代に巡り合わせた。人間は、本当の神が誰だかわからないので、自分たちの投票で多数を取った者を神の代理人とすることを決めた。そしてその罪悪感をまぎらわせるために、脳の作用が心だと言い、神は妄想だとまで決めつけた。こうして「科学万能の世」が到来した。

その愚かしさには代償《だいしょう》が伴うだろう。天なる父の声を拒否する人間たちの末路《まつろ》をよく見ておくがよい。

二〇一四年　十一月五日

幸福《こうふく》の科学《かがく》グループ創始者兼総裁《そうししゃけんそうさい》　大川隆法《おおかわりゅうほう》

『矢内原忠雄「信仰・言論弾圧・大学教育」を語る』大川隆法著作関連書籍

『内村鑑三「信仰・学問・迫害」を語る』（幸福の科学出版刊）
『日本人よ、世界の架け橋となれ！』（同右）
『大学設置審議会インサイド・レポート』（同右）
『黄金の法』（同右）
『愛、無限』（同右）
『大川隆法霊言全集』第5巻（宗教法人幸福の科学刊）

矢内原忠雄《やないはらただお》「信仰・言論弾圧・大学教育」を語る

2014年11月8日　初版第1刷

著　者　　大《おお》　川《かわ》　隆《りゅう》　法《ほう》

発行所　　幸福の科学出版株式会社

〒107-0052 東京都港区赤坂2丁目10番14号
TEL(03)5573-7700
http://www.irhpress.co.jp/

印刷・製本　株式会社 東京研文社

落丁・乱丁本はおとりかえいたします

ISBN978-4-86395-598-1 C0014
写真：アフロ

大川隆法霊言シリーズ・最新刊

内村鑑三「信仰・学問・迫害」を語る

「霊言」を否定することは、キリスト教の「聖霊」を認めないこと。絶対に許してはならない——。内村鑑三が日本に蔓延する無神論と唯物論に警鐘を鳴らす。

1,400円

ドラキュラ伝説の謎に迫る

ドラキュラ・リーディング

小説『ドラキュラ』の作者ブラム・ストーカー、ドラキュラ伯爵のモデルとされるヴラド3世。二人のリーディングから明らかになる「吸血鬼伝説」の成り立ちと霊的真相とは?

1,400円

孔子、「怪力乱神」を語る

儒教思想の真意と現代中国への警告

なぜ儒教では「霊界思想」が説かれなかったのか? 開祖・孔子自らが、その真意や、霊界観、現代中国への見解、人類の未来について語る。

1,400円

※表示価格は本体価格(税別)です。

大川隆法ベストセラーズ・幸福の科学

現代ジャーナリズム論批判

伝説の名コラムニスト深代惇郎は
天の声をどう人に語るか

従軍慰安婦、吉田調書……、朝日の誤報問題をどう見るべきか。「天声人語」の名執筆者・深代惇郎が、マスコミのあり方を鋭く斬る!

1,400円

本当に心は脳の作用か?

立花隆の「臨死体験」と
「死後の世界観」を探る

「脳死」や「臨死体験」を研究し続けてきた立花隆氏の守護霊に本音をインタビュー! 現代のインテリが陥りやすい問題点が明らかに。

1,400円

国際政治を見る眼

世界秩序《ワールド・オーダー》の新基準とは何か

日韓関係、香港民主化デモ、深刻化する「イスラム国」問題など、国際政治の論点に対して、地球的正義の観点から「未来への指針」を示す。

1,500円

※表示価格は本体価格(税別)です。

公開霊言シリーズ・文科行政のあり方を問う

スピリチュアル・エキスパートによる
文部科学大臣の
「大学設置審査」検証（上）

里村英一・綾織次郎　編

６人の「スピリチュアル・エキスパート」を通じ、下村文科大臣の守護霊霊言を客観的に分析した“検証実験”の前編。大学設置審査の真相に迫る！

1,400円

スピリチュアル・エキスパートによる
文部科学大臣の
「大学設置審査」検証（下）

里村英一・綾織次郎　編

下村文科大臣の守護霊霊言に対する“検証実験”の後編。「学問・信教・言論の自由」を侵害する答申が決定された、驚きの内幕が明らかに！

1,400円

大学設置審議会
インサイド・レポート

**大学設置分科会会長
スピリチュアル・インタビュー**

数多くの宗教系大学が存在するなか、なぜ、幸福の科学大学は「不認可」だったのか。政治権力を背景とした許認可行政の「闇」に迫る！

1,400円

幸福の科学グループのご案内

宗教、教育、政治、出版などの活動を通じて、地球的ユートピアの実現を目指しています。

宗教法人 幸福の科学

一九八六年に立宗。一九九一年に宗教法人格を取得。信仰の対象は、地球系霊団の最高大霊、主エル・カンターレ。世界百カ国以上の国々に信者を持ち、全人類救済という尊い使命のもと、信者は、「愛」と「悟り」と「ユートピア建設」の教えの実践、伝道に励んでいます。

（二〇一四年十一月現在）

愛

幸福の科学の「愛」とは、与える愛です。これは、仏教の慈悲《じひ》や布施《ふせ》の精神と同じことです。信者は、仏法真理をお伝えすることを通して、多くの方に幸福な人生を送っていただくための活動に励んでいます。

悟り

「悟り」とは、自らが仏の子であることを知るということです。教学《きょうがく》や精神統一によって心を磨き、智慧《ちえ》を得て悩みを解決すると共に、天使・菩薩《ぼさつ》の境地を目指し、より多くの人を救える力を身につけていきます。

ユートピア建設

私たち人間は、地上に理想世界を建設するという尊い使命を持って生まれてきています。社会の悪を押しとどめ、善を推し進めるために、信者はさまざまな活動に積極的に参加しています。

国内外の世界で貧困や災害、心の病で苦しんでいる人々に対しては、現地メンバーや支援団体と連携して、物心両面にわたり、あらゆる手段で手を差し伸べています。

年間約３万人の自殺者を減らすため、全国各地で街頭キャンペーンを展開しています。

公式サイト **www.withyou-hs.net**

ヘレン・ケラーを理想として活動する、ハンディキャップを持つ方とボランティアの会です。視聴覚障害者、肢体不自由な方々に仏法真理を学んでいただくための、さまざまなサポートをしています。

公式サイト **www.helen-hs.net**

INFORMATION

お近くの精舎・支部・拠点など、お問い合わせは、こちらまで！

幸福の科学サービスセンター

TEL. 03-5793-1727 （受付時間 火〜金：10〜20時／土・日：10〜18時）

宗教法人 幸福の科学 公式サイト happy-science.jp

教育

学校法人 幸福の科学学園

学校法人 幸福の科学学園は、幸福の科学の教育理念のもとにつくられた教育機関です。人間にとって最も大切な宗教教育の導入を通じて精神性を高めながら、ユートピア建設に貢献する人材輩出を目指しています。

幸福の科学学園

中学校・高等学校（那須本校）
2010年4月開校・栃木県那須郡（男女共学・全寮制）
TEL **0287-75-7777**
公式サイト **happy-science.ac.jp**

関西中学校・高等学校（関西校）
2013年4月開校・滋賀県大津市（男女共学・寮及び通学）
TEL **077-573-7774**
公式サイト **kansai.happy-science.ac.jp**

幸福の科学大学
TEL **03-6277-7248**（幸福の科学 大学準備室）
公式サイト **university.happy-science.jp**

仏法真理塾「サクセスNo.1」 TEL **03-5750-0747**（東京本校）
小・中・高校生が、信仰教育を基礎にしながら、「勉強も『心の修行』」と考えて学んでいます。

不登校児支援スクール「ネバー・マインド」 TEL **03-5750-1741**
心の面からのアプローチを重視して、不登校の子供たちを支援しています。
また、障害児支援の**「ユー・アー・エンゼル!」**運動も行っています。

エンゼルプランV TEL **03-5750-0757**
幼少時からの心の教育を大切にして、信仰をベースにした幼児教育を行っています。

シニア・プラン21 TEL **03-6384-0778**
希望に満ちた生涯現役人生のために、年齢を問わず、多くの方が学んでいます。

NPO 活動支援

いじめから子供を守ろうネットワーク

学校からのいじめ追放を目指し、さまざまな社会提言をしています。また、各地でのシンポジウムや学校への啓発ポスター掲示等に取り組む一般財団法人「いじめから子供を守ろうネットワーク」を支援しています。

公式サイト **mamoro.org**
相談窓口 **TEL.03-5719-2170**
ブログ **blog.mamoro.org**

政治

幸福実現党

内憂《ないゆう》外患《がいかん》の国難に立ち向かうべく、二〇〇九年五月に幸福実現党を立党しました。創立者である大川隆法党総裁の精神的指導のもと、宗教だけでは解決できない問題に取り組み、幸福を具体化するための力になっています。

党員の機関紙
「幸福実現NEWS」

TEL 03-6441-0754
公式サイト hr-party.jp

出版メディア事業

幸福の科学出版

大川隆法総裁の仏法真理の書を中心に、ビジネス、自己啓発、小説など、さまざまなジャンルの書籍・雑誌を出版しています。他にも、映画事業、文学・学術発展のための振興事業、テレビ・ラジオ番組の提供など、幸福の科学文化を広げる事業を行っています。

アー・ユー・ハッピー?
are-you-happy.com

ザ・リバティ
the-liberty.com

幸福の科学出版
TEL 03-5573-7700
公式サイト irhpress.co.jp

THE FACT

ザ・ファクト
マスコミが報道しない
「事実」を世界に伝える
ネット・オピニオン番組

Youtubeにて
随時好評配信中!

ザ・ファクト 検索